渡部昇一

歴史への遺言

未来を拓く日本人へ

ビジネス社

渡部昇一　歴史への遺言　もくじ

第一章　「重要史書」解読

第二章　日本のこころ

「令和」命名者・中西進氏の誤謬 —— 92

第三章 歴史の見方

第一章

「重要史書」解読

「リットン報告書」は日本を批判していない

はじめに

「リットン報告書」とは、いうまでもなく、一九三一年（昭和六年）に勃発した満洲事変についての国際連盟から派遣された調査団による調査報告書である。必ず歴史の教科書に出てくるから、たいていの人がその名ぐらいは知っているはずだ。ところがこの報告書の邦訳は、昭和七年に朝日新聞社をはじめ、いくつかの出版社から数種類が刊行されただけである（雑誌「中央公論」は同年十二月号の別冊付録にした）。専門家をのぞけば、全文を読んだことのある人がきわめて限られるのも無理はない。

しかも、一九三三年（昭和八年）二月二十四日にこの報告書を国際連盟が認め、その後日本が国際連盟を脱退しているから――リットン報告書といえば、日本の「満洲侵略」を国際社会がこぞって非難したレポートだ、という印象をもっている人がきわめて多い。

だが本文を通読すればわかるように、報告書は相当程度「日本の立場」を認めているのである。少なくとも、満洲事変と聞けばただちに「日本の大陸侵略」と決めつけ、満洲国と耳にすれば即座に「傀儡《かいらい》国家」と反応する、朝日新聞その他の左翼マスコミよりずっと正しい歴史認識を示している。ここでは一例だけ挙げておけば、「満洲事変の性格」についてこう記している。

《問題は極度に複雑だから、いっさいの事実とその歴史的背景について十分な知識をもったものだけがこの問題に関して決定的な意見を表明する資格があるというべきだ。この紛争は、一国が国際連盟規約の提供する調停の機会をあらかじめ十分に利用し尽くさずに、他の一国に宣戦を布告したといった性質の事件ではない。また一国の国境が隣接国の武装軍隊によって侵略されたといったような簡単な事件でもない。なぜなら満洲においては、世界の他の地域に類例を見ないような多くの特殊事情があるからだ》（第九章）

満洲をめぐる問題は「極度に複雑だから」、満洲事変も単に日本軍が侵略したというような「簡単な事件ではない」と、はっきり断言している。それゆえ、「いっさいの事実とその歴史的背景について十分な知識」のないものは口を出す資格がない、とまでいっている。リットン調査団は満洲という地の複雑さを十分に認識していたといえよう。
したがって、事変が起きてしまった「いま」、満洲の状態を事変以前に戻すことは現実的ではないというくだりもある。

《単なる原状回復が問題の解決にならないことは、われわれが述べたところからも明らかだろう。本紛争が去る九月以前における状態から発生したことを思えば、その状態を回復することは紛糾を繰り返す結果になるだろう。そのようなことは全問題を単に理論的に取り扱うだけで、現実の状勢を無視するものだ》（第九章）

もちろん、報告書には批判すべき点も数々ある。満洲は《完全にシナの一部分である》（第九章）という結論など、その最たるものだ。明らかな間違い、それも決定的かつ致命的な誤りである。

しかしその骨子は——①満洲は特殊事情のある土地だから、②日本が侵略したとか占領したといって割り切れる問題ではない。③それゆえ、これを満洲事変以前の原状に戻すことは不可能だから、④何らかのかたちで妥協的な解決をするしかない、というところに存するわけだから、当時の国際社会が一致して日本の「侵略」を批判・非難したレポートなどではないのである。

中国、韓国などがやかましく「歴史認識」を叫んでいる折から、満洲事変当時の「日本の立場」をかなりの程度まで認めていた史料をいま改めて読み直すことは意味あることだと信じている。

「リットン報告書」の成り立ち

冒頭にも触れたように、リットン報告書は名のみ知られ、読まれることの少ない文書であるから、まずはいかなるレポートであるのか、その概要について触れておく。

正式な書名は、「国際連盟日支紛争調査委員会報告書」、Report of the Commission of Enquiry into the Sino-Japanese Dispute. である。

一九三一年（昭和六年）九月十八日、奉天《ほうてん》（現・瀋陽《しんよう》）郊外の柳条湖《りゅうじょうこ》で南満洲鉄道（満鉄）の線路が何者かの手によって爆破されたのを機に、日支両国の軍隊のあいだで戦闘が開始された。いわゆる「満洲事変」の勃発である。シナ政府は三日後の二十一日、国際連盟規約第十一条にもとづき、紛争の拡大防止を連盟に提訴した。それを受けて国際連盟理事会が開かれたのは九月三十日であった。席上、シナ代表は「現地に調査団を派遣すること」を提案したが、日本側が「日支両国の直接交渉によって事態の解決をはかりたい」と固執したため、シナ側の提案はいったん拒否された。ちなみに、当時の日本は国際連盟の理事国であった。

理事会はその後、十月、十一月と引き続き開かれ、種々の討議が行われるなか、十一月二十一日、今度は日本がみずから調査団の現地派遣を提案した。ところがこの提案に「シナ全体を調査対象とする」という項目があったため、今度はシナが拒否してきたのである。だが結局はイギリスの説得もあって、十二月十日の理事会で、全会一致をもって調査団の派遣が決定された。調査団のメンバーは、日本側の希望によって当時"The Powers"と呼ばれる「列強」に限られることになった。すなわち、英米仏独伊の五か国である。

イギリスからはリットン伯爵（当時五十六歳）、アメリカからはマッコイ少将（五十九歳）、フランスからはクローデル中将（六十二歳）、ドイツからはシュネー博士（六十一歳）、イタリアからはアルドロヴァンディ伯爵（五十六歳）。以上五名の互選によってリットン卿がチェアマン（委員長）になった。ちなみに、ドイツのシュネー博士はリットン報告書とは別に『「満州国」見聞記』（講談社学術文庫）と題する手記を発表している。

アドヴァイザー（参与員）としては、日本から前トルコ大使の吉田伊三郎、シナからは前総理大臣の顧維鈞《こいきん》が任命され、さらに専門委員としてアメリカ人のブレークスリー教授やヤング博士などが参加することになった。

満州事変勃発の翌三二年（昭和七年）二月三日にフランスのル・アーヴルを出航した調

査団一行が東京に到着したのは二月二十九日であった。ちなみに、その翌日の三月一日、満洲国が建国を宣言している。

調査団一行はまず犬養毅《いぬかいつよし》首相や芳沢謙吉《よしざわけんきち》外務大臣、荒木貞夫陸相などと会談した。その後、上海から南京《ナンキン》へ出ると、国民政府の行政委員長・汪兆銘《おうちょうめい》や軍事委員長の蒋介石《しょうかいせき》などと会見、北京では張作霖《ちょうさくりん》の息子・張学良《ちょうがくりょう》とも会っている。ところが、その後満洲に入ろうとすると、満洲国側がシナ人のアドヴァイザー・顧維鈞の入国を拒否してきたため、何度も交渉を繰り返さなければならなかったという。満洲では、満洲国執政・溥儀《ふぎ》（溥儀が満洲国「皇帝」になるのは一九三四年三月一日）や関東軍司令官の本庄繁《ほんじょうしげる》中将などに会って現地調査を行っている。

五・一五事件で犬養首相が暗殺されたのは、一行がハルビンにいるときだった。この事件は、日本がいかに野蛮な国であるかということを調査団に印象づけ、他方シナには自信を与える結果になったように思われる。

七月に入り、調査団は犬養内閣の跡を継いだ斎藤実《さいとうまこと》内閣の面々と会見するために再来日したが、当時の内田康哉《うちだこうさい》外務大臣が調査団に対し、「満洲国を承認していただく以外、解決の道はない」と強硬だったので調査はほとんど進展しなかった。

その後、リットン卿は北京で報告書の起草に取りかかったが、熱病にかかり、レポート全文を書くことはできなかったという。このときフランスのクローデル代表やイタリアのアルドロヴァンディ代表は「日本を非難するのは現実的ではない」と、相当強い異見を述べたが、それはあまり報告書に反映されなかったといわれている。

調査団の委員全員が報告書にサインをして国際連盟に送ったのは九月四日だった。ル・アーヴルを出航してからちょうど七か月後のことであった。

「リットン報告書」についての反応

「リットン報告書」に対する見方は当時からいろいろあったが、日本で比較的冷静に腹を立てないで解説しているのは、昭和九年に刊行された『平凡社大百科事典』「補遺」篇の記述である。執筆者は信夫淳平《しのぶじゅんぺい》法学博士。外交官でもあった国際法学者で、一九四三年（昭和十八年）には、『戦時国際法講義』全四巻で帝国学士院恩賜賞を受賞している碩学《せきがく》だ。

信夫博士の記述は一ページ以上にわたり、前節で述べたような経緯を客観的に記したうえで――結局、国際連盟総会では「満洲国の承認をいっさい排除する」という勧告案が四十二対一（反対は日本のみ）で採択され、それに異論のある日本が脱退してしまったため、報告書の全十章がそのまま承認されてしまったと指摘している。

もうひとつ注目しておきたいのは、リットン卿を出したイギリスの平均的な意見である。リットン卿は、イギリスでも名門の貴族の出身である。祖父はブルワー・リットン。貴族でもあり小説家でもあった人で、『ポンペイ最後の日』という本を書いているから日本でもよく知られている。父親は伯爵で、フランス大使やインド総督を歴任している。また姉妹のひとりはイギリスの首相をつとめたバルフォワ家に嫁いでいる。また、祖父だけでなく父親も匿名で小説や詩を書いているほどだから、リットン卿も文才はあったという。彼はイギリスの名門校イートン校からケンブリッジ大学トリニティ・カレッジに進学しているが、外交官試験には落ちてしまった。しかし、そこは名門貴族だから外交の道に入り、アイルランド大使やインド大使に付き従ったり、ベンガル（インド）の総督になったり、一時はインド総督代理もつとめている。ただし、当時のインドはイギリスからの独立運動が盛んだった時期なので、外交官生活は必ずしもうまくいったとはいえない。

以上のようにリットン卿を紹介したうえで、『大英人名辞典』は、彼がまとめ上げた報告書について大略つぎのような評価を下している。

《シナに対する日本の侵略（aggression）を非難したレポートは広く誉《ほ》められたけれども、それが向けられた諸政府（governments）によって相手にされなかった。この反応が弱かったことがおそらく、リットン調査団の勇気と正直さとは対照的に、当時の十年間、

すなわち一九三〇年代に起った戦争をめぐる集団的安全保障の低下に関する最初の致命的な一歩を記したものといえよう》

この項目を執筆したのはC・M・ウッドハウスという人で、『大英人名辞典』が出たのは一九五九年（昭和三十四年）だから、第二次大戦が終って十四年後のことである。この時期の辞典がはっきりと、「リットン報告書は、シナに対する日本の侵略を非難したものだ」と理解していることがわかる。

ところが、二〇〇四年に刊行された六十巻を超す『オックスフォード大英人名辞典』になると、だいぶニュアンスが違ってくる。

《徹底的であり、またフェアなリットン・レポートは、シナに対する日本の苦情が正当なものであることを認めたが、軍事的行動に訴えたことについては日本を強く批判した。このレポートは、「満洲はシナの主権の下で自治的であるべきだ」と指摘しているが、これは実行される可能性のない提案であった。なぜなら、日本はすでにその戦争に勝ち、「満洲国」という傀儡国家（puppet state）をつくってしまっていたからである。一九三三年二月二十四日、国際連盟はこのレポートを採用したが、日本が連盟から脱退してしまったため、それ以上のことはなされなかった》

この執筆者はジェイソン・トームズという人であるが、前記の『大英人名辞典』よりよほど研究が進んでいる。リットン報告書は「シナに対する日本の苦情が正当なものであることを認めた」と、正しく紹介しているし、調査報告書ができ上がる前に満洲国が独立してしまったからレポートが実効性をもつ見込みはなかった、とまで断言しているからだ。

このように、リットン卿を出したイギリスの見方はかなり変ってきているが、しかし共通点がある。それは「満洲国を認めない立場にある」ということだ。リットン報告書も、それを紹介したイギリスの人名辞典の執筆者たちも、ついに「満洲国」を認めることはなかったのである。

「リットン報告書」の読みどころ

では、リットン報告書はまったく否定されるべきなのかといえば、そんなことはない。冒頭でも触れたように「日本の立場」をかなり認めている部分もあるからだ。じっさい、当時の日本政府も報告書には「妥当な点」があるとして、以下のようなポイントを指摘している。

①シナの内乱状態：これに関する所論は適切である。満洲事変の遠因をシナの無秩序・無理想な混乱にあるとし、内乱によって受ける日本のダメージが痛切であることを指摘し

ている点。
②満洲の歴史：日露戦争の勝利によって、日本がロシアから満洲における権益を受け継いで満洲経営に乗り出すと、この「楽土」を求めてシナ人たちが満洲にやってきたことや、日露戦争後、満洲がシナから放棄されていたことを記述している点。
③満洲における排日抗日運動：条約や取決めによって日本が取得した権益をシナが容認しない傾向を挙げている点や、排日的な命令および訓令が発された事実を認め、日支間の緊張が日本の積極的な行動によって生まれたのではないことを裏書きしている点。
④張作霖・張学良時代の満洲の内政：腐敗、悪政が跡を絶たず、軍隊維持のために重税を課し、それでも足りずに不換紙幣を乱発したことなどを指摘している点。

こうした点も加味しながら、リットン報告書の注目すべき指摘を見ておけば、前述したように満洲には「世界の他の地域に類例を見ないような多くの特殊事情がある」というが、では、どんなふうに特殊なのか。

《当時、シナは北京と広東にまったく異なった政府をもち、奥地の交通・通信をしばしば妨害する多くの匪賊《ひぞく》のために混乱し、さらにシナ全体を渦中に投じるような内乱の準備もなされていた。（中略）独立を主張する政府はじつに三つもできてしまった。そのうえ実際に自立した省、または省の一部がいくつかあった》（第一章）

《政治的混乱あるいは内乱、社会的・経済的不安は中央政府の衰微をもたらすと同時に、一九一一年〔明治四十四年〕の革命以来、シナの特徴となっている。こうした状態は、シナと接触するあらゆる国に不利な影響を及ぼし、それが克服されるまでシナは、つねに世界平和の脅威であり、また世界経済の不況の一原因となるだろう》（第一章）

当時のシナには正統的な政府がなく、いくつもの政府ができてしまい、それが麻のごとく乱れ、それぞれ勝手にやっていたのである。そうしたシナの状態は「世界平和の脅威」だったと正しく指摘している。税金の徴収なども篦棒《べらぼう》なものだった。

《領土が広大で、シナの人民には国家的統一感が欠如しているばかりか、徴収された税金が中央金庫に達しない財政組織が伝統になっていた》（第一章）

通貨も、各政府・各軍閥が勝手に発行していたから統一通貨などなく、また兌換紙幣《だかんしへい》ではなかったから、政府や軍閥の思惑次第で通貨価値は下落して、ひどいときには紙くず同然になってしまう。その結果どういうことが起ったか。

《日本はシナにいちばん近い国で、またシナは最大の顧客だから、日本は本章で述べたような無法状態によってどこの国よりも強く苦しんでいる。シナにおける居留外人の三分の二以上は日本人だし、満洲における朝鮮人の数は約八十万人にのぼる。したがって、いまのような状態のままでシナの法律、裁判および課税に服従しなければい

けないとしたら、それによって苦しむ国民がいちばん多いのは日本である》（第一章）

挙句の果ては、教科書などでは「日貨排斥《にっかはいせき》」と記述されているボイコットがシナ中に吹き荒れた。

《初期のボイコット方式は、①排斥される国の商品を買わないようにすることだった。しかし次第に活動範囲は広がって、②その国に対してシナの商品を輸出しない、③あるいはシナにいるその国の人間に対して有償・無償のサービスを拒絶する、といったふうに拡張された。そしてついに、④最近のボイコットは「敵国」とのあいだのすべての経済関係を完全に遮断するようになった》（第七章）

ボイコットの問題に関して報告書は、日本に対して非常に同情的だ。「ボイコット」の語源についても、この報告書は『エンサイクロペディア・ブリタニカ』第十四版からの引用があり、それを読むと、ボイコットというのは単に「売らない・買わない」というレベルの問題ではなく、生命を脅《おびや》かされたり、家を壊されたり、私信を奪われたり、食料の供給を邪魔されたり……といったふうに暴力的な要素がかなり入り込んでいることがわかる。ボイコットとは、糾弾に近い行為だったのである。だから報告書は、《シナ側が法を適用しないことによって日本国が損害をこうむったことは、まさにシナ政府の責任問題に発展する》（第七章）と結論している。

また、こうしたボイコットに伴う排日・侮日運動のモヤモヤを一気に吹き飛ばした満洲事変の快進撃に当時の日本国民が喝采したことについては、竹山道雄（『昭和の精神史』講談社学術文庫）ほか、多くの証言がある。

満洲に関する日本の「権益」についても、報告書は正確に記している。たとえば――、

《満洲における日本の権益は、諸外国のそれとは性質も程度もまったく違う。一九〇四から五年にかけて、奉天や遼陽といった満鉄沿線の地、あるいは鴨緑江《おうりょくこう》や遼東半島など、満洲の曠野《こうや》で戦われたロシアとの大戦争の記憶は、すべての日本人の脳裡《のうり》に深く刻み込まれている。日本人にとって対露戦争とは、ロシアの侵略の脅威に対する自衛戦争、生死を賭けた戦いとして永久に記憶され、この一戦で十万人の将兵を失い、二十億円の国費を費したという事実は、日本人にこの犠牲をけっして無駄にしてはならないという決心をさせた。しかも満洲における日本の権益の源泉は、日露戦争の十年前に発している……》（第三章）

このように、リットン報告書には非常に公平な記述もずいぶん見られ、日本および日本の軍隊についてはこう記している。

《明治維新のころ、日本は二世紀以上にわたる孤立から脱し、それから五十年もたたないうちに世界の第一等国にまでのしあがった》（第七章）

《一般的には日本兵の行状は善良である。個人的蛮行を訴える投書もあったが、略奪または虐殺の事例はない》（第六章）

さりげなく「世界の第一等国にまでのしあがった」と書いてあるところなど、うれしいではないか。ちなみに、ここは原文では〝a world Power of the first rank〟となっている。

「日韓併合」（一九一〇年）についての記述も的を外していない。日本の左翼マスコミやコリア人は日本は韓国を植民地化した」とか「日帝支配三十六年」などと騒ぎ立てているが、では、リットン報告書は「日韓併合」を何と記しているか。〝colonization〟ではなく〝annexation of Korea〟と記している（第三章ほか）。

かねてから私は――日韓併合はけっして「植民地支配」ではなく「併合」である、と指摘してきたが、リットン報告書も正しくそう記述しているのである。西洋人の観念では、〝colonization〟というと「略奪」のニュアンスが強く出るけれども、〝annexation〟というと「持ち出し」の概念がふくまれてくる。イングランドとスコットランドの土地問題に〝annexation〟という言葉が用いられていることからも、それは明らかだ。

満洲は「シナの一部」ではない

以上のように、リットン報告書はかなりの程度まで「日本の立場」を理解したレポートになっているが、しかし前述したように決定的な誤りがある。それは「満洲はシナの一部である」とする結論だ。

《従来、東三省《とうさんしょう》〔満洲〕はつねにシナや列国がシナの一部と認めてきた地域で、同地方におけるシナ政府の法律上の権限に異議が唱えられたことはない》（第三章）

《右の地域〔満洲〕は法律的には完全にシナの一部分である》（第九章）

こうした記述が歴史的に見てまったくの誤りであることはいうまでもない。後述するように「満洲」は、溥儀を最後の皇帝（ラストエンペラー）とする満洲族が支配していた土地であり、万里の長城の外にあって、元来は漢人（シナ人）の立ち入りが禁じられていた「封禁《ふうきん》の地」でもあった。断じて「シナの一部」などではないのである。

そこでつくづく残念に思うのは、レジナルド・ジョンストンの名著『紫禁城《しきんじょう》の黄昏《たそがれ》』（祥伝社）がもう少し早く出ていれば……ということである。『紫禁城の黄昏』が出版されたのは一九三四年（昭和九年）三月だから、報告書が出された二年後のことであるが、この本のなかでは満洲および溥儀についてきわめて正確な記述がなされ、満洲が「シナの一部」などではなかったことが明確に記されているからだ。

大当たりした映画「ラストエンペラー」には、いつも黒い服を着て溥儀のそばに付き添っているイギリス人が登場する。あれがジョンストンである。溥儀の家庭教師——当時の言葉でいえば「帝師《ていし》」であると同時に第一級のシナ学者だったから、『紫禁城の黄昏』には「満洲とは何ぞや」ということがきわめて正確に記されている。

ジョンストンはいう。

《日本にはひとつの王朝しかない。(中略)したがって、その国名(「大日本」)はヨーロッパの国々と同じように用いるが、シナの用いる用語は王朝名であり、「中国」ではなく「大清国」である》(『紫禁城の黄昏』第八章注)

少々解説をしておけば——ヨーロッパでは「領土の王」という言い方をする。イギリスの王であれば"King of England"、フランスの王なら"King of France"だ。日本の天皇は"Emperor of Japan"となる。それは王朝と領土が一定だからである。ところがシナの場合は、漢民族が支配したり、モンゴル民族が支配したり、あるいは満洲族が支配したり……と、つぎつぎに支配民族が替わり、王朝が替わり、そのたびに領土も変化してきた。したがって"King of China"というものはいない。"Kingdom of China"も"Empire of

China"も無い、というのである。換言すれば、シナには近代的な意味での国家が存在したことがなく、あったのはシナ本部を支配した鮮卑《せんぴ》族（隋《ずい》、唐《とう》）や漢民族（宋《そう》、明《みん》）やモンゴル民族（元《げん》）、満洲民族（清《しん》）の王朝だけであった。

だから、シナの場合はすべて"Dynasty"すなわち「王朝」で見なければいけない。モンゴル民族の王朝は"Mongolian Dynasty"であり、満洲民族の王朝は"Qing Dynasty"であって、けっして"Kingdom of China"でもなければ、"Empire of China"でもないのである。

これが何を意味するかといえば、満洲という土地は清朝を興《おこ》した満洲民族の故郷であって、断じて「シナの一部」ではないことを物語っている。それは"Qing Dynasty"すなわち清朝の歴史をたどってみれば一目瞭然だ。

満洲を支配していた「金《きん》」の系統に属する満洲民族（女真族《じょしんぞく》＝女直族《じょちょくぞく》）は十六世紀後半、漢民族の明朝《みんちょう》に従わず、独立の地位を保っていた。族長・ヌルハチは一五九一年に東満洲を統一すると、「金」にちなんで「後金《こうきん》」という国を建てた（一六一六年）。後金は明朝との対立を深め、やがて戦争に突入。戦争の最中にヌルハチが没すると、息子のホンタイジが跡を継ぎ、後金を「大清国《だいしんこく》」と改めた（一六三六年）。さらにその息子のフリンの時代に、明朝を打ち倒して北京入城を果たすことになったのである（一六四四年）。ついに清のシナ本部制覇がなり、フリンは順治帝《じゅんちてい》と称して、清朝が成立した。したがって"Empire of China"ではなく、あくまでも「清王朝」"Qing Dynasty"なのである。

満洲は清朝の故郷であって「シナの一部」でないことは、これだけの説明からもわかるはずだ。しかも、秦《しん》の始皇帝《しこうてい》以前も以後も、シナの王朝が満洲を実効支配した事実はないのである。

満洲民族は全部で百万人内外だったから、その数百倍の漢民族を支配するためには満洲民族もシナ本部に移住しなければならなかった。そのために満洲は人口の過疎地になってしまったが、清朝は故郷・満洲の地を尊敬して、その純粋性を守るため、さらには漢民族の統治に失敗した場合はそこに逃げ戻るため、シナ人が満洲に入ることを禁じるいわゆる「封禁《ふうきん》政策」をとった。

このように、清朝を興した愛新覚羅《あいしんかくら》氏は明らかに満洲とシナを区別して統治していた。シナ人に対してはシナ語で命令し、満洲人に対しては満洲語で命令を下した。いま台湾の故宮博物館へ行き、清の時代の書を見ると脇に普通の日本人にはわけのわからない文字が書かれているが、あれが満洲語である。満洲とシナはつねに別なのだ。

もうひとつ、満洲をさす「東三省」という呼称の問題に触れておく。

清朝にとって故郷・満洲は「ふつうの土地」ではなかったから、他の地域のように「省」

をつくり官吏が治めるという方法を採らなかった。満洲だけは軍政で、チチハル、吉林《きつりん》、奉天《ほうてん》に、満洲族の旗人《きじん》である三人の将軍を配していた。ところが日露戦争のあと、三つの軍政地区をふつうの政体に変え、シナ内地と同じように省を建設することにした。そこでできたのが、いわゆる東三省（奉天省、吉林省、黒龍江《こくりゅうこう》省）である。

重要なのは、この東三省がいつできたかということだ。一九〇七年である。いわゆる「辛亥《しんがい》革命」（一九一一年）のたった四年前だ。しかも、つくったのは満洲民族の清朝なのである。

繰り返せば、東三省はシナ本部ではなく満洲の地であり、しかもそれがつくられたのは一九〇七年、つくったのは満洲人である。だから東三省を「シナ」と呼ぶわけにはいかないのだ。逆立ちしても、そうはいえない。それゆえ、リットン報告書にある《満洲はフランスとドイツを合わせた面積をもつ広大な地域で、約三十八万平方マイルという。シナにおいてはつねに「東三省」と称してきた》（第二章）という記述は明らかに誤りだ。

溥儀は傀儡ではなかった

リットン報告書がこうした肝心なポイントを理解していなかったことは、そこに溥儀がほとんど登場しないことからもわかる。報告書は原文で約百三十ページ、翻訳すれば三百ページ近い厖大《ぼうだい》なものであるが、そのなかで「溥儀」（宣統帝《せんとうてい》）という名が出てくるのはほんの数回にすぎない。清朝の崩壊に触れた箇所（第一章）、一九〇七年に施政を改めて東三省をつくったとき（第二章）、天津《てんしん》事件で旅順へ避難したとき（第四章）、満洲国が成立して執政に就任したとき（第六章）、この四箇所ぐらいのものである。それも、ちょっと名前が出てくるだけだ。満洲の問題を扱うのに、その地の主《あるじ》である溥儀の存在や行動が完全に脱落している。

戦後、東京裁判の法廷に証人として姿をあらわした溥儀は、「満洲国皇帝への就任は関東軍の圧迫によったものであり、在位期間中もつねに関東軍の監視下にあり、自由意思はまったくなかった」といった意味の証言をしているが、それは当時彼が拘留されていたソ連の脅しによる偽証であった。それは、溥儀の行動を見れば一目瞭然である。共産系の将軍のクーデタ（一九二四年）で自分の命が危うくなると、黄塵濛々《こうじんもうもう》たるある日、ジョンストンといっしょに日本の公使館に逃げ込んでいるし、その後は天津の日本租界《そかい》に身を寄せていたのである。そして天津事件（一九三一年）が起ってまた危険が迫ると、今度は奉天特務機関長・土肥原《どいはら》大佐などに守られて旅順から奉天へ向っているのだ。溥儀は危険が迫るたびに日本を頼っていた。なにも日本が溥儀を脅して傀儡国家を仕立て上げたわけではないのである。

じっさいジョンストンは、天津事件のときの溥儀の行動をこう記している。

《十一月十三日、上海に戻ってみると、私的な電報で皇帝が天津を去り、満洲に向かったことを知った。／シナ人は、日本人が皇帝を誘拐し、その意思に反して連れ去ったように見せかけようと躍起になっていた。その誘拐説はヨーロッパ人の間でも広く流布していて、それを信じる者も大勢いた。だが、それは真っ赤な嘘である》（『紫禁城の黄昏』終章）

《皇帝が誘惑されて満洲に連れ去られる危険から逃れたいと思えば、とことこと自分の足で歩いて英国汽船に乗り込めばよいだけの話である。皇帝に忠実で献身的な臣下の鄭孝胥《ていこうしよ》は、皇帝の自由を束縛する牢番ではないことを強調しておきたい。皇帝は本人の自由意思で天津を去り満洲へ向かったのであり、その旅の忠実な道づれは鄭孝胥と息子の鄭垂《ていすい》だけであった》（同上）

このように、満洲の歴史だけでなく溥儀の行動まで、ポイントを正しく押さえたジョンストンの『紫禁城の黄昏』がもう二～三年早く出ていれば、リットン報告書の致命的な誤りを回避することができただろうから、日本が国際連盟を脱退することもなかったであろう。また、東京裁判に「証拠文書」として提出されたこの本が却下されることなく採用されていれば、東京裁判は成り立たなかったはずだ。そう考えると、私は残念でたまらないのである。

満洲における日本の「特殊権益」

つぎに、日本がなぜ満洲にこだわったのかという問題がある。

この点について、リットン報告書は《満洲における日本の「特殊地位」》（第三章）という言い方しかしていないが、いちばん重要なのはすでに清朝の時代から満洲はロシア領になっていたということだ。

一八九九年、「北清事変《ほくしん》」（義和団《ぎわだん》の乱）が勃発し、翌年それが北京にまで波及すると、ロシアは日本をふくむ諸外国とともにシナに兵を送り込んだ。そして「乱」が満洲にまで及ぶと、さらに増派してついには全満洲を占領してしまう。日露戦争間近の時期には、清朝の官吏が満洲に入るにもロシアの役人の許可が必要であった。満洲は一度ロシア領になっていたのである。そこで日本は南下してくるロシアの脅威を振り払うために日露戦争に立ち上るわけであるが、清朝は自分の故郷・満洲が戦場になるのに、なんと「局外中立」を宣言している。それのみならず、ロシアと秘密協定も結んでいた。一八九六年の「露清密《ろしんみつ》

約《やく》」である。これによれば——、

①ロシアあるいは清国、朝鮮が日本と戦争になった場合、露清両国は相互援助する。

②その場合、清国はロシアの輸送を助けるため、満洲での鉄道建設に同意する。

③その鉄道は、ロシアが軍用として自由に使うことができる。

まったく日本を敵視した条約であった。だから前述のジョンストンもこう記している。

《シナの人々は、満洲の領土からロシア勢力を駆逐するために、いかなる種類の行動をも、まったく取ろうとはしなかった。／もし日本が、一九〇四年から一九〇五年にかけての日露戦争で、ロシア軍と戦い、これを打ち破らなかったならば、遼東半島のみならず、満洲全土も、そしてその名前までも、今日のロシアの一部となっていたことは、まったく疑う余地のない事実である》（『紫禁城の黄昏』第一章）

ところが日露戦争に敗れたため、ロシアはやっと満洲から手を引くことになった。そして、日露戦争後のポーツマス条約ではつぎのような取決めが行われた。

①ロシアは遼東半島の租借権を日本に譲渡する。

②ロシアは東支鉄道の南満洲鉄道（のちの満鉄線）と、それに付属する炭鉱を日本に譲渡する。

③ロシアは北緯五十度以南の樺太《カラフト》を日本に譲渡する。

これを見てもわかるとおり、日本はなにも満洲を侵略したわけではない。国際条約にのっとって正当に租借権を獲得し、あるいはその土地の領有権を得たのである。しかも、ロシアがもっていた権限以外はすべて清国に返している。当時としてはきわめて紳士的な振る舞いであった。「露清密約」があったことを、その当時知っていれば、そもそも満州を清に返す必要もなかったというのが、当時の国際的常識であったろう。北京政府や左翼マスコミがいうような「大陸侵略」でなかったことは明らかである。満洲における「特殊権益」の問題はそう簡単に論評できるものではないのである。だからこそリットン報告書も、冒頭に引用したように、「満洲においては、世界の他の地域に類例を見ないような多くの特殊事情がある」と書いているのだ。

ただし、そこまでわかっているのに、いちばん肝心な「満洲は満洲民族の土地であって、シナの一部ではない」という認識を欠いていた。これこそがすべての問題のボタンの掛け違いの元であった。

いくつかの注記

以下はリットン報告書に戻り、読んでいて気になった点をいくつか、事項別に記しておく。報告書は厖大なものだから、コメントすべき事柄は多々あるが、紙幅の都合もあるので主だったもののみ触れておこう。

・辛亥《しんがい》革命について

報告書第一章には《革命》(revolution)とあるが、これは「革命」ではなく「独立運動」と書くべきであろう。というのも、いわゆる辛亥革命は「滅満興漢《めつまんこうかん》」(満洲民族の清朝を倒して漢人の国を興そう)というスローガンからもわかるように、シナ人が清朝の支配から脱しようとする運動だったからである。

ついでにいえば――清朝を倒してシナ人の政権ができたからといって、清朝固有の領土である満洲がシナの領土であるということにはならない。それは、たとえばオランダとインドネシアの関係に当てはめて考えてみればすぐわかる。インドネシアはオランダの植民地であったが、第二次大戦後、独立を果たし、オランダはインドネシアから撤退した。だからといって、オランダはインドネシアの領土だということになるだろうか。そんなばかな話はない。満洲がシナの領土だというのは、それと同じくらいばかげた主張なのである。

・満洲の朝鮮人

満洲に移住した朝鮮人が迫害を受けたことについては何度も記述されている。

《朝鮮人移民は組織的な迫害をこうむった》(第二章)

《過去、日本官憲の庇護《ひご》を受けた朝鮮農夫と、シナの官吏や地主、農夫のあいだには多くの軋轢《あつれき》があった。朝鮮農夫が暴行や搾取によって苦しんだことは疑いがない》(第六章)

満洲における朝鮮人問題は大きい問題である。

八十万人といわれる朝鮮人が、満洲と朝鮮の国境に近い間島《かんとう》地方に移民として入っていた。現在でもコリア人はシナ人に対してぺこぺこしているが、当時もそうであった。その朝鮮人が日韓併合によって日本人になったのが問題の発端であった。

当時、日本人は満鉄沿線に住んでいて、農民の移民はほとんどなかったから、シナ人との摩擦はほとんどなかった。ところが朝鮮人は昔から農民として移住していたから、始終摩擦を起していた。というのも、リットン報告書も指摘しているように、《シナ人の農夫は主として豆、高粱《コーリャン》、小麦を栽培するのに、朝鮮人の農夫はコメの耕作に従事し、両者は農業法を異にする。水田耕作は溝を掘り田野を灌漑《かんがい》するから、もし豪雨があれば朝鮮人のつくった溝は溢れ、付近のシナ人の土地に氾濫し、収穫を駄目にしてしまう》(第六章)からだ。それでも、昔はシナ人が一方的に朝鮮人を抑えていたからあまり問題は起らなかったが、朝鮮人が「日本人」になったことによって話はむずかしくなった。

そうして起きたのがシナ人農民と、その土地を借りていた朝鮮人農民との衝突(一九三一年七月の万宝山《まんぽうざん》事件。第三章第六節参照)である。この事件が満洲事変の引金のひとつになったことを思えば、満洲事変の背後にあった朝鮮人問題の大きさがわかるだろう。

もう一点、報告書には詳しく記されていないが、古くから満洲へ移住した農民はともかく、新しく満洲へ逃げ込んだ朝鮮人にはコミュニストが多かったことも重要なポイントといえよう。

・ソ連の脅威

リットン報告書には当時のソ連についての言及がかなりあるが、しかしそれでも十分とはいえない。最近はいろいろな資料が出てきてコミンテルン（国際共産主義運動）の活動が明らかになり、「あれはコミンテルンのやったことだ」という真相がつぎつぎに暴かれている。その一例が、張作霖爆殺事件（一九二八年）はソ連の手先の仕業だとするユン・チアンの『マオ――誰も知らなかった毛沢東』（講談社）である。

日露戦争後しばらくは、満洲の状況は比較的穏やかだった。満洲を虎視眈々《こしたんたん》と狙っていたのはアメリカぐらいのものだったからだ。しかも、そのアメリカが日本とロシアの利害に背馳《はいち》するような鉄道を敷こうとしたときは、両国共同でそれを防ごうとしている。

ところが、その穏やかな満洲へシナ人がどっと流入したり、ロシア革命（一九一七年）後、コミンテルンのエージェントやシンパが蠢《うごめ》き出したりすると、俄然《がぜん》、満洲も騒がしくなってくる。こうした共産・ソ連の動きを抜きにしては満洲の事情は解明できない部分が多く、リットン報告書もこう記している。

《ソ連政府および第三インターナショナルは、現行条約を基礎として対支関係を維持しようとする帝国主義諸国に強く反対する政策を採用、シナの主権回収闘争においてシナを援助することもありうるとした。こうした形勢の発展は、かつて日本が隣邦ロシアに対して懐《いだ》いた懸念や疑惑を復活させることになった》（第二章）

ここにいう「第三インターナショナル」というのはコミンテルンのことである。こうして満洲北部における共産主義者のプロパガンダと満洲南部における国民党の排日宣伝が手を組むようになり、それは次第に日本の脅威となっていった。

さらに、最近はほとんど忘れ去られているが、ソ連が《外モンゴルに獲得した優勢な勢力》（第二章）も見逃すわけにはいかない。外モンゴルには「ウリヤンハイ」または「タンヌウリヤンハイ」と呼ばれる「無主の地」があった。住民はトルコ系で、キルギス人に似ているといわれる。一九二一年、そこへソビエト軍が侵攻して「トワ人民共和国」をつくり、二年後の一九二三年には「タンヌ・トワ人民共和国」と改称した。このタンヌ・トワ人民共和国の実質的な統治者はソ連政府と第三インターナショナルであった。これがソ連のもった最初の衛星国で、満洲の関東軍などは、「つぎは満洲に出てくるのではないか」と非常に緊張したものであった。

・満洲国の成立をめぐって

リットン報告書にはいくつも問題の箇所があるが、以下もそのひとつである。

《満洲人は漢人とほとんど完全に同化されている。（中略）明らかな満洲人には、新国家の成立とともにふたたび特権的待遇を得たいという希望を懐いているものもいる。満洲人はこうした希望をもって政府に入ったが、満洲における漢人の証人の言によれば、すべての権力は日本人の手に握られ、彼ら・満洲人の提議は容《い》れられることがないため失望を感じつつあるという》（第六章）

「満洲人はシナ人とほとんど完全に同化している」という一節は、先に見た「満洲はシナの一部である」と同じく、決定的な間違いである。

また、「すべての権力は日本人の手に握られ」ているから満洲人は「失望を感じつつあるという」シナ人の証言も、とてもではないが信用できない。というのも私には、つぎのような思い出があるからだ。

だいぶ昔の話になるが、学習院大学の故・香山健一教授といっしょにタクシーに乗っていたとき、たしか満洲育ちの香山さんがぽつんと「満洲に行ってきたんだ」といったことがある。そしてこう続けた。満洲へ行ってみると、いまでは中国人とされている満洲人たちが、「われわれにも、ついこのころまでは国があったんだよ」といって涙を流していたというのである。これこそが満洲人の「ほんとうの声」であろう。「満洲における漢人の証人の言」など聞いてもしようがないではないか。

したがって、報告書のつぎのような記述もまったく当てにならない。

《「満洲国」の創設に寄与した要素は多々あるだろうが、各方面から得た証拠によって、本委員会が最も有効だったと見るところを記せば――もしそれがなかったら新国家形成は不可能だったであろうと思われるふたつの要素がある。それは「日本軍の存在」と「日本の文武官憲の活動」である。したがって現在の政権〔満洲国〕を純粋かつ自発的な独立運動によって出現したものと考えるわけにはいかない》（第六章）

「日本の軍隊」と「日本の文武官憲」の働きがなかったら満洲国は創設できなかったであろうというのは、たしかである。しかしながら、日本の手助けがあったから満洲国が「純粋かつ自発的な独立運動によって出現したものと考えるわけにはいかない」という結論部分はどう考えてもおかしい。現在のイラクを見てもわかるとおり、新しい政府ができるときは、時に外からの手助けが必要になることもあるからだ。

しかも、「純粋かつ自発的な独立運動」といいながら、ここには溥儀の名が出てこない。満洲の地の正統的な継承者・溥儀に触れずして、どうして満洲国の「純粋かつ自発的な独立運動」を語ることができるだろう。

実際をいえば、清朝の復興運動（復辟《ふくへき》運動）はすでに一九一七年（大正六年）に張勲《ちょうくん》のクーデタによって短期間ではあるが成功し、一時清朝が復活したこともあるくらいだ。満洲事変が起ってからは、満洲各地でシナ本部から独立する省が出ている。そんなとき先帝の溥儀が満洲に戻ったから、独立した省の省長たちが一斉に溥儀の下に駆けつけ、そうして満洲国が成立したのである。「日本の軍隊」と「日本の文武官憲」ではなく、「溥儀」という先帝に焦点を当てさえすれば、満洲国の成立が日本軍の支持をえた「純粋かつ自発的な独立運動」であったことがはっきりする。すなわち満洲国は〝Qing Dynasty〟の正統的な流れを汲《く》む国家なのだ。イラクの現政府とは比較にならない自発性をもっていたのである。

ジョンストンの『紫禁城の黄昏』にはこんな一節がある。いわゆる辛亥革命が起きて清朝が倒れたとき――、

《もし満洲人が満洲に退き、しかもシナでの満洲人の権力が最終的に完全に崩壊したと判明すれば、十七世紀前半に君臨した王朝と同じように、シナから完全に独立した満洲君主制の再興を目にすることも決してありえなかったわけではない》（『紫禁城の黄昏』第七章）

清朝が倒されたとき、溥儀が即座に「自分は故郷へ帰る」といって満洲へ帰っていたら、シナとは完全に別個の「満洲国」ができていただろうというのである。シナもそれを認め

ざるをえなかったはずだと、ジョンストンはいう。満洲国にはそれだけの正統性（レジティマシー）があったのだ。

そして正統性があったからこそ、満洲国が独立したとき、ローマ教皇庁（バチカン）以下、二十三の国が「満洲国」を承認した、あるいは実質上承認したのである。

満洲国の広報部長であった武藤富男の『私と満洲国』（文藝春秋）によれば、彼ら満洲国の訪欧使節団が一九三八年（昭和十三年）九月にローマ教皇庁を訪れたとき、時のピウス十一世はこう語りかけたという。

《よくも遠いところから海を渡って会いに来てくれた。嬉しく思う。貴国皇帝陛下がますます御壮健で新しい国、満州帝国が隆々たる発展をなしつつあることを知り、喜びに堪《た》えない。貴国にはカトリック教徒が相当数居住するが、よろしく頼む。人類の秩序を破壊する共産主義に対し貴国がたたかっておられることを悦《よろこ》ぶ。世界平和のため貢献せられんことを祈る》（『私と満州国』第三章）

満洲国を承認した国々を列挙しておけば、バチカンの他、日本、南京政府（汪兆銘政府）、タイ、ビルマ、フィリピン、内モンゴル、自由インド仮政府、ドイツ、イタリア、スペイン、ポーランド、クロアチア、ハンガリー、スロヴァキア、ルーマニア、ブルガリア、フィンランド、デンマーク、エルサルバドル、ソ連、ドミニカであった。

最後に、松岡洋右《まつおかようすけ》の「国際連盟脱退」の演説について一言しておく必要がある。彼がジョンストンのような知識をもっていなかったことが、日本の不幸であった。彼はあくまでも「満洲は清朝固有の領土」という歴史的事実を説くべきだったのである。欧州の国々の代表が満洲の歴史とかシナの歴史の特性を知っているわけはないのだ。こうした本質的なことを言わないで、日本を二千年前に十字架にかけられた「ナザレのイエス」にたとえているのは、場違いである。キリスト教国でもない日本が、国際会議の場でキリストの十字架をもち出すのはいかにもトンチンカンである。失笑を買ったのではないだろうか。「勇の前に知を」ということは日本の政治家や外交担当者が第一に心すべきことであると思う。

満洲が満洲民族の正統の皇帝を首長に戴く独立国にすでになっていることを強調して、調査団の報告自体が無用になっていることも主張すべきであった。「独立」という既成事実は調査報告などより千倍も万倍も重いのである（たとえばイラク戦争の原因となった大量破壊兵器は見つからなかったが、サダム政権が倒れたという既成事実はもとにもどらない）。その上で万一、調査報告書が採択されても、日本は連盟に留まっているべきであった（ソ連は国連決議に反しても脱退しなかった）。そうしてもめているうちに、満洲帝国の既成事実は確乎としたものとなり、それを承認する国々も出たはずである。リットン報告書に対する拙劣な対応が、日本の悲劇に連なったといってよいだろう。

満洲国は日本の傀儡国家ではなかった

一

『紫禁城の黄昏』が、極東軍事裁判（東京裁判）に証拠書類として採用されていたら、あのような裁判は成立しなかったであろう。

こう言うだけで、本書の価値を知るには充分である。もちろん、何が何でも日本を悪者に仕立て上げたかった東京裁判所は、本書を証拠資料として採用せず、却下した。

では、この本はいかなる性質のものであるか。それは、次のエピソードから推察できるであろう。ベルナルド・ベルトルッチ監督の、英国・イタリア・中国合作映画『ラストエンペラー』（一九八七年）は、世界的な評判を呼んだ。その内容は、清国最後の皇帝溥儀《ふぎ》が三歳で即位し、紫禁城に閉じ込められたまま、イギリス人のシナ学者レジナルド・ジョンストンを最も信頼する個人教師として成長し、生命の危険が迫ると、ジョンストンと共に日本の公使館に逃げ込み、後に日本の後押しで満洲国皇帝となったが、中共政権の成立と共に弾劾されて、北京の一市民として一生を終えるという、まことに波瀾万丈《はらんばんじょう》そのものの物語である。映画のセットも豪華であった。

その映画の中でも特に印象的なのは、黒い衣服を着ていつも少年皇帝の側に仕えているイギリス人であった。これが『紫禁城の黄昏』の著者である。その原作を読みたくなる人も多いだろうと出版社の人は考える。それで岩波文庫の一冊として入江曜子・春名徹両氏の共訳が出版された。本書が古典的な名著であることは一点の疑いもないから、岩波文庫に入ることは当然であった。

ところがこの文庫本は、原書の第一章から第十章までと、第十六章を全部省略しているのだ。その理由として訳者たちは「主観的な色彩の強い前史的部分」（傍点・渡部）だからだという。

この部分のどこが主観的というのか。清朝を建国したのが満洲族であることとの、どこが主観的なのか。第十六章は満洲人の王朝の皇帝が、父祖の地にもどる可能性について、当時どのような報道や、記録があったのかの第一級資料である。日本の政府が全く関与しないうちに、それは大陸での大問題であった。溥儀がジョンストンと日本公使館に逃げ込んできた時の芳沢《よしざわ》公使の当惑、その後も日本政府がいかに溥儀にかかわることを嫌ったか、その側にいたジョンストンの記述ほど信用なるものはない。

また岩波文庫では、序章の一部を虫が喰《く》ったように省略している。そこを原本に当たってみると、それは溥儀に忠義だった清朝の人の名前が出てくるところである。

つまり岩波文庫訳は、中華人民共和国の国益、あるいは建て前に反しないようにという配慮から、重要部分を勝手に削除した非良心的な刊本であり、岩波文庫の名誉を害するものであると言ってよい。

訳者の略歴は記されていないので不明であるが、思想的には東京裁判史観の人らしいし、英語力にも問題がある。一例だけ挙げておく（原書四五〇ページ、文庫本四三七ページ）。

I need hardly say that the last persons in the world to whom the emperor would have appealed for sanctuary were Chiang Kai-shek and Chang Hsueh-liang:（下線・渡部）

「皇帝がだれかに庇護をもとめるとすれば、世界中で一番最後に頼る人物が蔣介石《しょうかいせき》と張学良《ちょうがくりょう》であることは、あらためていうまでもない」（傍点と振り仮名・渡部）

この岩波文庫訳では、意味が丁度反対になってしまっている。つまりthe last（最後の）という単語の意味が理解されていない。He is the last person to do such a thing（彼はそんなことをやる最後の人だ＝そんなことは絶対しない人だ）というのは、旧制高校向けの入試参考書にも出てくる例文である。しかし、誤訳は誰にでもあることだから、それ自体は大したことではないだろう。しかし溥儀が、蔣介石と張学良を世界中で一番最後に頼る人物だと考えていたと訳するのは、このジョンストンの本の内容がまるで解《わか》っていなかったということになる。

原文は「皇帝が庇護をもとめる場合、誰に頼るとしても、世界中でこの人たちだけには絶対頼りたくないのが蔣介石と張学良だった」という内容である。

こんなことはジョンストンの記述をそこまで読んでくれれば、当然に解るはずなのだ。訳者たちが正反対に誤訳したのが単なる語学力の欠如なら許せるが、読者を誘導する意図があったとしたら――歴史の削除のやり方からみて、その可能性がないとは限らない――許せない犯罪的行為であろう。

二

岩波文庫の訳者たちが用いた版は国会図書館の蔵本で、一九三四年（昭和九年）十二月の初版第四刷とのことであるが、私が所有し、かつ読んだのも同じ第四刷である。私はこの本を手に入れるまでに不思議な体験をした。

私がジョンストンのこの本の内容を最初に知ったのは、荒木武行訳『禁苑《きんえん》の黎明《れいめい》』(大樹社書房・昭和九年七月十五日・一六＋四＋六六〇ページ)によってである。後に關東玄洋社出版部訳『禁城の熹光《きこう》――満洲國皇帝陛下御生立記《おんおいたちのき》』(同社・昭和十年一月一日《いつ》)をコピーで入手したがこれは読んでいない。荒木氏の訳を最初に読んだのは何時か記憶にないが、三十年ぐらい前であることは確かである。

その後、その原書が欲しくなり探し続けたが、日本では神田で一冊見つかっただけである。またその後に、アメリカ古書店協会の会長をしていた友人のルーロン-ミラー氏を通じてインターネットで探してもらって、一冊オーストラリアで見付かった。

私自身もイギリスの古書店にはずっと注文を出し続けているが、イギリスでは一冊も出てこない。マグスのような東洋関係でも強い大古書店でも、ジョンストンの著書で見つけてもらったのは、この二十年間に*Lion and Dragon in Northern China*とか*Buddhist China*であり、探し求めている*Twilight*は、ついに今日まで見つけてもらっていない。しかしこれは不思議な話である。*Twilight*は当時人気のあった本で、一九三四年(昭和九年)三月に初版初刷が出て、同年十二月に第四刷が出ている。布表紙の本文四八六ページの原書には、巻末の註が約二〇ページ、索引も一〇ページ、溥儀の親書や写真など貴重な資料もたくさん添えてある堂々たる本で、いわゆる際物《きわもの》ではない。それが一年も経たないうちに四刷になっていることは、大変な評判の本であったことを示す。その原書が古書市場から消えていることは、おそらく個人の所有者たちが大戦中に処分してしまったのではないか、と私は推測してみたくなるのである。

さすが図書館などは、この第一級の資料になる本は処分しなかったと思われる。それでもリプリント版がアメリカとイギリスでは戦後に出されているが、研究者にとっては必読の資料であるから当然とも言える（私が古書店に探してもらっていたのは原本である）。

私が荒木氏の邦訳を読む気になったのは、戦前の記憶のためであった。戦後は、満洲は中国東北部と呼ばれて、中国の当然の領土として扱われているが、戦争の記憶のある私は「これは変だぞ」という気がしていた。

ところで私にとって戦前とは、旧制中学三年の夏までである。その時までの私の知識では、満洲は元来満洲族の土地であり、その満洲族の偉い酋長が、徳川時代の初め頃にシナ本土を征服して清朝を建てたが、一九一一年に革命がシナで起こった後、最後の清朝皇帝は北京から逃げ出し、日本の援助で父祖の土地に満洲国を建設し、そこの初代皇帝になった、というものであった。大筋の事実の系列としては今でも正しいであろう。

戦後は満洲という土地も、満洲族という民族も存在しないかのような報道のされ方である。そんな頃に、学習院大学の故・香山健一教授（この人は満洲育ちだったと記憶する）が、満洲を訪問したら、今では中国人とされている満洲人たちが「昔は俺たちの国もあったんだ」と言って、涙を流していたと私に語ってくれたのである。それが、私のジョンストンの原書探しの出発点になったのだと思う。

そして「シナには近代欧米的な意味での国家は、かつて存在したことがなく、いろいろな王朝があっただけである」というジョンストンの指摘には、目から鱗《うろこ》が落ちる思いがした。考えてみれば周王朝と唐王朝では、人種がほとんど別になっているとされているし、元《げん》王朝は蒙古民族の王朝であり、清王朝は満洲民族の王朝であり、決していわゆるシナ人の王朝ではなかった。これが満洲問題を理解する鍵であったのだ。ジョンストンの注から引用してみよう。

「諸外国とシナの間で交わされる英語版の条約では、『シナの皇帝』という表現を用いるのが慣習になっているが、シナの原文で用いる用語は『大清国大皇帝』である。おそらく、領土的な称号でなく、このような王朝的な称号を用いると、外国人にはなじみがなく誤解を招くため、条約の英語版を準備するときには、王朝名を用いた帝号を『シナの皇帝』に変更することが必要と考えたのであろう。

しかし、このように変更した責任は、外国人の翻訳者にあったと思う。日本とシナが一八七一年（明治四年）に結んだ条約では、『……君主の帝号は、この条約では用いない』とある。日本は『大日本帝国』であり、シナは『大清国』である。

日本人は……国名の代用として王朝名を用いるシナの例にならうことはない。それは日本にはひとつの王朝しかないという単純な理由からである。したがって、その国名（『大日本』）はヨーロッパの国々と同じように用いるが、シナの用いる用語は王朝名であり、『中国』ではなく『大清国』である」

「万里の長城」の北の地域がシナ民族の領土であるわけはなく、それは戦後のどさくさに中国軍が侵略した土地であることは明白である。

なおジョンストンの伝記は『大英人名辞典』（D・N・B）のR・S・ジェニンズのものが詳しい。最近D・N・Bの新版（六一巻）が出たが、そのジョンストンの項目の記述者R・ビッカーズのものは、おざなりである。

新版の辞典が進化せず劣化している一例である。

三

ジョンストンの本について、こんなことを上智大学の講師控室でお茶を飲みながら話をしていると、今回の訳者の中山理《なかやまおさむ》氏も興味を示したので、翻訳の話になった。前に述べたように岩波文庫訳に私は腹を立てていたので、本当の完訳が欲しいと思っていたのであった。中山氏は専門の英文学の博士論文を英語で書いて、堂々たるハードカバーの本として出版している俊英で、英語力には信頼が置ける。実際に出てきた同氏の訳稿を見ても、引っかからずに頭に入るよい文章である。

また、ジョンストンの文章には、その背景からして英文学へのさりげない言及があるが、中山氏は専門家として的確な訳者注を補ってくれた。これは私にも大いに参考になった。また原書注その他については、中山氏の大学にはネイティブ・スピーカーの学者もいるという便宜もあって、精確に検討してくれて、原書では解りにくかった事項も、よく解るようになった。

このような良心的な訳業を完成して下さった中山氏のご努力には、深く敬意を表したい。

東條英機「宣誓供述書」はマッカーサーの証言と一致する

東條供述書を必読とする五つの理由

この本は東條英機被告の宣誓供述書の復刊であり、またその解説を試みたものであるが、本書刊行の主なる動機は、東條被告を弁護することが目的ではない。

本書刊行の第一の理由は、大東亜戦争（アメリカ側の言い方では太平洋戦争）の前夜から日本政府の中心にいて、開戦時の総理大臣・陸軍大臣・内務大臣であり、後には参謀総長も兼ねた人の大戦に関する詳細な記録であり、これを抜きにしてこの前の戦争を語ることはできないということである。立場の違う人でも、当時の日本の政治・軍事の最高権力者が事態をどう見ていたかを知る必要があるであろう。つまりこれは第一級資料なのである。

第二の理由としては、これは単なる覚え書きとか日記ではないことである。覚え書きなら覚え違いもある。日記にも書き手の立場が無意識的に入りこんでいる可能性があることはインドのパル判事も指摘している通りである。しかし東條供述書は法廷文書である。彼に対しては敵意丸出しの検事たちが反対尋問していた。少なくとも事実に関するウソはここには入りこめない。これを第一級資料と呼ぶ所以《ゆえん》である。

第三の理由は、ここで東條被告の主張が正しかったことを、東京裁判（極東国際軍事裁判）の法源であったマッカーサー元帥自身が、裁判終結後の約二年半後に、アメリカ上院の軍事外交合同委員会という公式の場で認めたことである。すなわち昭和二十六年（一九五一年）五月三日、マッカーサーがこの公式の場で述べた中には、次の言葉があった。

日本は絹産業〔蚕《かいこ》〕以外には、固有の産物はほとんど何も無いのです。彼らは綿が無い、羊毛が無い、石油の産出が無い、錫《すず》が無い、ゴムが無い。その他実に多くの原料が欠如してゐる。そしてそれら一切のものがアジアの海域には存在してゐたのです。

もしこれらの原料の供給を断ち切られたら、一千万から一千二百万の失業者が発生するであらうことを彼らは恐れてゐました。したがつて彼らが戦争に飛び込んでいつた動機は、大部分が安全保障の必要に迫られてのことだつたのです。

（小堀桂一郎編『東京裁判　日本の弁明』講談社学術文庫５６４、５６５ページ。傍点渡部）

この傍点の部分は特に重要なので、英文でも示しておきたい。

Their〔The Japanese people's〕purpose,therefore,in going to war was largely dictated by security.

東條被告の主張の核心は、「日本は侵略戦争をやったのではない。自存自衛のためだった」ということである。マッカーサーのこの発言は当時日本の大新聞で報道された形跡はなく、今日に至るまでテレビでも報道されたという話を聞いたことがない。東條被告の処刑後だったのは残念であるが、彼を裁かせ、死刑にさせたマッカーサー自身が、その後間もなく東條被告の弁護人になったようなものである。この事実はすべての日本人が知るべきであり、できるなら世界中の人に知らせたい。

ニュールンベルク裁判でナチスを裁かせた人が、後になってヒトラーやゲーリングの弁護をやったという話はない。日本はナチス・ドイツではなかったのである。

第四の理由は、昭和史を見る上での東條供述書の意味である。昭和史に関する本はいろいろ出ており、興味ある記述も多いが、多くは秘話や、裏話や逸話の発掘や紹介である。人体には頭蓋骨や背骨があると共に、指の骨もあれば、爪や爪の垢《あか》もある。敗戦までの昭和史を人体に譬《たと》えるならば、東條供述書はその頭蓋骨から背骨に当たる部分である。凡百の昭和史は、せいぜい腕の骨か足の骨、多くは小指の骨や、爪や爪の垢をいじくっている感じである。国務と統帥の乖離《かいり》問題や、ＡＢＣＤ包囲陣や、アウタルキーの問題が中心にこないような敗戦前の昭和史は、頭蓋骨と背骨がない人体のようなものであろう。

第五の理由は、東京裁判は過去の問題でなく、現代の問題であり、未来につながる問題であることである。この裁判を正しく理解することなしでは、日本の歴史教育の基盤も砂の上に置かれたようなものであろう。たとえば最近東京の経済同友会が小泉首相の靖国神社参拝に反対する主旨の提案を出したが、その幹事会の中でこんな発言があったという。

「靖国問題も絡《から》め、〝東京裁判は妥当だったか〟との話があったが、戦勝国の裁判が間違っていたと学んだとしても60年前には戻れない……」

（『産経新聞』平成十八年六月八日。傍点渡部）

しかし戻《もど》れるのである。また日本人は戻らなければならないのだ。そのためには前に引用したマッカーサーの議会証言だけでも十分なのである。教育の場に戻し、さらにテレビや新聞といったマスコミの場に戻し続けるならば、将来の日本人の姿勢がピンとするのだ。結果として媚中《びちゅう》・拝中の卑屈な日本人を国政の重要な場から一掃できるのである。

右にあげた五つの理由から、東條被告の宣誓供述書は、昭和史、特に戦争の時代の昭和の時代に関心ある人、また特にその時代の研究者が、その立場にかかわらず第一番に読むべき文書であると信ずる次第である。

ヒトラーの宣誓供述書がなくてもナチス・ドイツの軌跡はたどりやすい。それはナチスという一党独裁の党が、能動的・主動的に戦争を計画し遂行したからである。

しかし日本の場合はナチス・ドイツとは異なり、一つの党の党首が独裁的にすべてを計画し遂行したわけでない。東京裁判の範囲に入れられた最初の年である昭和三年（一九二八年）から、日本の内閣や方針はしばしば変更され、しかもその変更はたいてい受動的に対外的情勢に応じたものであった。

大陸政策はコミンテルンの暗躍に応ずるものであり、満洲国誕生は清朝の最後の皇帝であった溥儀《ふぎ》が日本公使館にころがりこんだことから始まった。日本の経済的苦悩はホーリー・スムート法によるアメリカの保護貿易、それに続くイギリスのブロック経済圏（アウタルキー）のためである。

シナ事変は今では明らかになったようにコミンテルンの手先が始めたものである。その事変が日本陸軍の切なる願いにもかかわらず終息しなかったのは、ソ連、アメリカ、イギリスが中立国の度を越え、シナに対し、参戦同様の支援をしたからであった。

アメリカ・イギリスとの開戦は、マッカーサー証言の如くその包囲網により、日本の全産業・全陸海軍が麻痺《まひ》寸前まで追いつめられたから余儀なくされたのである。すべて日本のやったことは受身的反応であった。したがって「自存自衛」という受身的反応の連続であるから一本の筋が外からは見えにくい。その姿を内側から明らかに見せてくれるのが東條供述書なのである。

東條英機という人物

ただ東條供述書は今の読者の多くには読みにくいと思う。あの頃の中学以上の学校を出た人は漢文をみっしりやっている。私が中学に入った頃も、上級学校入試の主要四科目は、英・数・国・漢であった。特に幼年学校、士官学校、陸軍大学に進んだような人の漢文の力は、現代の大学のシナ古典の専攻学生以上のものがあったと思われる。供述書であるから平明に述べられているが、何と言っても今の時代とは語彙《ボキャブラリ》がだいぶ違う。この供述書の日本語を全く違和感なしに読める世代は、私あたりが最後に近いのではあるまいか。

そう考えて、供述書の内容を私の言葉で要約し、さらに背景的説明を加えた。私はこの仕事を若い世代の編集子に口述の形で述べた。つまり供述書の要点の解説的口述を行なった。したがって、本書の中には似たような説明や解説が二度も三度も出てくることになった。これは東條供述書を理解する上にはそれが便利だったからである。私の口述した部分だけ読んでいただいても、東條供述書の大要はつかむことができると思う。編集子を読者代表と考えて語ったものであるから、すらすら読めるはずだと考えている。もしより正確に、より精細に知ろうと思う読者は、東條供述書そのものをお読みいただきたい。

この口述作業の中で、私は「東條さん」という呼び方をした。これは今の人が小泉首相に私的な会話で言及する時は「小泉さん」と言うのと同じことで、東條内閣時代に私の家庭ではいつも「東條さん」と言っていた。戦局が暗くなった頃、どこで聞いてきたのか、私の姉が「東條さんもこの頃痩《や》せられたそうよ」と心配そうに言っていたことをいま憶《おも》い出した。そしてこの供述書は当時の私の実感とよく一致するのである。私の実感だけではない。これを読んだ某出版社社長のS氏も涙が出たと言っていた。私にとって「東條さん」は自然な言い方である。

東條さんほど戦後の日本で憎まれた人はないと言ってもよいのではなかろうか。私の中学で四十年勤続という博物学の名物老教師が、授業の途中でこう言ったことがあった。

「自殺し損《そこ》ねるとは東條は何という奴《やつ》だ。

本当に自殺する気ならピストルを顳顬《こめかみ》に当てて撃てばよいのだ。腹に撃つ奴があるか」

その口調は慢罵《まんば》といったものであった。その頃、私もそう思ったことはこの老教師のその時の姿も口調もよく覚えていることからわかる。

しかし事実は違うようである。東條さんは心臓に撃つつもりで近所の医師に、その点に印をつけてもらっていたという。そしてアメリカ兵がやってきたのを見た時に撃った。そのピストルは軍人であった義理の息子が少し前に自決したものだったという。ところが東條さんの心臓は普通の人より少しずれていたのだそうである。ではなぜ顳顬に撃たなかったのかと言えば、死後、必ず写真に取られて世界の新聞に出るに違いないと考え、顔をこわしたくなかったのだという。

いずれにせよ、東條さんがあの時死なないでくれてよかったと思う。拘置所に入ってからの東條さんは、すべての人の尊敬を受ける人物であることを証明した。元タイ国大使であり、明治以降の日本外交史の基本図書の著者である岡崎久彦《おかざきひさひこ》氏も、戦争の勝負を別とすれば、東條さんは日露戦争の首相桂太郎《かつらたろう》よりも偉いだろうという主旨のことを言っておられるが、けだし卓見であると思う。東京裁判以前は東條さんに反感を持っていた人も、裁判における東條さんの言動を見て、例外なく尊敬の言葉を残している。

東條さんは天皇陛下に戦争の責任のないことを第一に考えて発言した。同僚や他の日本人に責任を押しつけようとした発言は皆無であった。敗戦の責任を全部引き受けるつもりであった。そしてキーナン主席検事との応酬においても、一歩もひかずに日本の立場——自衛戦であったという主張——を主張し、この論争は「東條の勝」という印象をみんなに与えた。この時は「悪玉とされた東條の評判がよくなった」と伝えられている。死に直面した時に、その人物の真価がわかると言えよう。

この供述書が、これまで顧《かえりみ》られずにきた理由とは

いずれにせよ東條さんの宣誓供述書が残されたことは、日本人にとって有難いことであった。その後間もなくマッカーサー自身が東條さんの主張が正しいことを認めたではないか。ただ大東亜戦争に対する東條・マッカーサーの史観が、日本人の間に普及していないことが残念である。

その主なる理由は今では明らかだ。占領期間中、二十万ともいわれる人たちが公職追放となったからである。この追放令の中心は民政局のケーディス一派だと言われる。彼らはアメリカ民主党の左派であり、中には後にコミンテルンのエージェントだったと判明した者もいた。石橋湛山《いしばしたんざん》や松下幸之助《まつしたこうのすけ》も追放されたのだから、その基準がいかに無茶苦茶なものであったかわかる。その公職追放令の嵐の中で、うんと得をした者たちがいた。戦前の左翼思想家や在日コリア人などなどである。特に重要な敗戦利得者は、左翼インテリであった。

一例をあげれば、A級戦犯容疑者の一人であった荒木貞夫《あらきさだお》は陸軍大将、陸軍大臣、軍事参議官を歴任した軍人であるが、彼が戦犯として指名されたのは、軍人としてでなく文部大臣としてであった。荒木は「自分を告発しているのは連合国の検事であるというよりは、大内兵衛《おおうちひょうえ》と滝川幸辰《たきがわゆきとき》である」という主旨の発言をしている。

大内兵衛氏は昭和十三年（一九三八年）、第二次人民戦線事件で東大教授を辞職。敗戦後東大に復帰、後に法政大学総長になった人である。滝川幸辰氏は共産主義的であるとして発禁とされた彼の著書を発端とした京大事件のため昭和八年（一九三三年）に免官になり、敗戦後京大教授に復帰し、京大法学部長、京大総長を歴任した。

この二人はコミンテルンのシンパ、あるいは同調者として天皇の帝国大学教授としてふさわしくないとされたのである（コミンテルンは天皇制廃止を指令していた）。しかし敗戦により華々しく復活した。それはまばゆいばかりの復活であった。戦後のいわゆる岩波・朝日文化は、敗戦利得者の左翼インテリ文化と言える。

例として二人の学者の名前をあげたが、これは典型的な敗戦利得者で、そのほかの例は数え切れない。この敗戦利得者たちは日本の主要な大学の主要なポストを占め、その弟子たちは、あるいは日本中の大学に教授として散らばり、あるいは大新聞の記者となった。正に癌細胞の転移にも似た様相を呈したのである。

こうした敗戦利得者とその弟子たちが、戦前の「日本のよさ」とか「日本の立場や言い分」を肯定することはない。東條さんの宣誓供述書が戦後の日本の学界や言論界でまともに取り上げられることがなかったのは当然である。しかし敗戦日本を支配し、東京裁判史観や公職追放令のもとのもとだったマッカーサーさえも、東條史観に同感していることは日本人の常識《コモン・ノレッジ》になってよいと思う。

第二章

日本のこころ

『古事記』は神話と歴史が地続きであることを証明している

『古事記』の成り立ち

現代の文明国のなかで日本はいちばん古い歴史をもっている国のひとつです。「中国四千年の歴史」といわれる中国をそのなかに数えることもできます。しかし、中国の場合は時代によって支配民族が異なりますから、「同一の国」と捉えることはできません。たとえば、孔子《こうし》の生きた周《しゅう》の時代（紀元前六世紀）と聖徳太子が小野妹子《おののいもこ》を使節として送った隋《ずい》の煬帝《ようだい》の時代（紀元七世紀）は「まったく別の民族の別の国」と考えるべきです。

その意味で、連続した国家の歴史としては日本がいちばん古いということができます。その日本で『古事記』がまとめられたのは和銅五年、西暦でいえば七一二年のことでした。

イギリスにも、ヴェネラブル・ビード（ベーダ・ヴェネラビリス）というイングランドの聖職者にして歴史家が七三一年ごろにまとめた古い史書があります。これは『ベーダ英国民教会史』（講談社学術文庫）という邦題からも知れるとおり、教会の歴史を記した本であって、一国の歴史を綴《つづ》った書ということはできません。ひとつの国の連綿と続く歴史を記した書物としては『古事記』がもっとも古いものだといっても言い過ぎではありません。

『古事記』の成立は、天皇家の歴史やその他のいろんな部族の歴史が散逸しないうちに、それをまとめておきたいという第四十代・天武天皇《てんむ》（在位：六七三年〜六八六年）の遺志に発するものでした。ちなみに、その前の聖徳太子の時代にも『天皇記』や『国記』といった史書があったといわれていますが、これは蘇我《そが》氏の滅亡（六四五年）とともに焼けてしまったという記録が残っています（『日本書紀』皇極《こうぎょく》四年六月条）。そこで天武天皇は今後そういうことが起こらないようにと、改めて史書をまとめておきたいと考えられたのだと思います。じっさい、そうした気持ちをおもちになっていたことは太安万侶《おおのやすまろ》の書いた序文に記されております。

現代語訳すると、こんなふうになります。

そこで天武天皇が仰せられましたことは、「私が聞いていることは、諸家が伝えている帝紀《ていき》と本辞《ほんじ》は真実と違い、多くの偽りを加えているということだ。いまの時代においてその誤りを正さなかったら、幾年もたたないうちにその本旨がなくなってしまうであろう。これは国家の要素であり、天皇の指導の基本である。そこで帝紀を記し定め、本辞を調べて後世に伝えようと思う」ということでした。

ただし、天武天皇ご自身がその国史編纂《へんさん》を実行されるには至らず、長男の草壁皇子《くさかべのみこ》の后であった第四十三代・元明天皇《げんめい》（在位：七〇七年～七一五年の女帝）が太安万侶に命じて、舎人《とねり》（皇族の身の回りの世話をした役人）の稗田阿礼《ひえだのあれ》に天皇家の歴史や古い伝承を口述させたのです。阿礼は非常に記憶力の秀れた人で、いろんな歴史や伝承を頭に入れていましたから、それらをすべて物語り、それを太安万侶が書き記したという次第です。

安万侶はとても漢文に通じた人でした。それは『古事記』の序文を読めば一目でわかります。堂々たる駢儷体《べんれいたい》（対句構成の華麗な文体）です。原文（漢文）を読み下してみましょう。じつにきびきびした文体であることが知れるはずです。

臣《しん》安万侶言《もう》す。夫《そ》れ、混元《こんげん》既に凝《こ》りて、気象未だ効《あらわ》れず。名も無く為《わざ》も無し。誰れか其の形を知らむ。……

──臣下・安万侶が申し上げます。そもそも、混沌とした大元はすでに凝り固まりながらも、生命の兆しはまだ現われていない。名もなく動きもないままでは、誰がその形を認識できるであろう。

一方、稗田阿礼があれだけの分量の歴史や伝承を記憶していたといわれると、いまの人たちは「そんなことができるの?」と思うかもしれません。しかし、そんな超人的なことが可能であることは近代になってからも証明されています。盲目のユーカラ（アイヌ民族の叙事詩）伝承者が言語学者の金田一京助さんに、なんと一千ページにものぼるアイヌの物語を語っているからです。また私自身のこととしても、かつて三百ページを超える『かくて昭和史は甦《よみがえ》る』（PHP文庫）という本を何も見ないで口述した経験があります。その体験からしても、歴史というものはわりあい記憶しやすいものだということができます。言語学者の大野晋《おおのすすむ》氏も『日本語の成立』（中央公論社）という本のなかでこう書かれています。

ユカラを語るのは、それを得手とする特別の人々であって、何万句に及ぶユカラを語ることは、誰にでもできるわざではなかった。一般的に言って、人間の記憶力は文字の使用によって減退したらしい。文字の無い社会ではかえって強力な記憶者がおり、今日のわれわれからは想像しがたいほど、祖先についての長い伝承などを語ることができた。『古事記』上中下の三巻を語った稗田阿礼はたしかに超人的ではありました。それでも絶対に不可能なことではなかったと考えるべきでしょう。

神話と歴史が地続きになった日本の驚異

この『古事記』の特徴のひとつは——皇室を中心とした伝承が中核をなしているけれども、出雲《いずも》のほうの伝承、すなわち大国主命《おおくにぬしのみこと》をめぐる伝承も詳しく述べられていることです。大国主命の伝承は「国譲り」の神話として知られています。地上に降りた建御雷神《たけみかづちのかみ》が大国主命に対して「天照大神《あまてらすおおみかみ》の子孫にこの地上の国を譲るように」と迫り、それによって日本という国が統一されたというのです。その代わりに、大国主命は壮大な出雲大社を建てさせたといいます。そのあたりのことは『古事記』にこう記されています。

底《そこ》つ石根《いわね》に宮柱《みやばしら》太しり、高天《たかあま》の原に千木《ちぎ》高しりて治め賜はば、僕《あ》は百足《ももた》らず八十坰手《やそくまで》に隠りて侍《さもら》ひなむ。

――土の底の石根に届くまで宮柱を据え、高天原にも届くほど高々と千木を立てた大社を建ててくれれば、自分は国を譲り、鎮《しず》まって籠りましょう、と大国主命がいったといいます。これは神話ではありますが、実際にも日本の国の歴史にこれに似通った出来事があったと思われます。

しかも、日本の国のおもしろいところは、二〇一四年（平成二十六年）、高円宮家《たかまどのみやけ》の典子《のりこ》女王《じょおう》と出雲大社の権宮司《ごんぐうじ》（父の宮司に次ぐ地位）の千家国麿《せんげくにまろ》さんがご結婚なさったことです。単に皇族の女性と神社の宮司の結婚というのではなく、まさに『古事記』に記されている天照大神の系統と大国主命の系統とのご結婚でした。『日本書紀』に従って、初代の神武天皇（推定在位：紀元前六六〇年～紀元前五八四年）がざっと二千六百年前に即位されたとすると、「国譲り」の神話は三千年以上前にさかのぼるでしょう。そんな大昔の〝歴史〟が二十一世紀のこの現代に再現されるというのはじつに驚嘆すべきことではないでしょうか。

そう考えると、一筋、日本という国の大きな流れが見えてくると思います。これこそが日本の歴史の特徴であり、世界に例のないケースであるといっても過言ではありません。

唯一、ユダヤ人がずっと国をもっていたら似たようなことがありえたかもしれませんけれども、ほかの民族では考えられません。

神話がじかに現代の歴史まで続いている、言い換えれば、神話と人《ひと》の代《よ》の歴史が地続きであるというのも『古事記』の特徴です。たしかに、「これ（上巻）は神代の話ですよ」「ここから（中巻以降）は人間の歴史ですよ」と断っています。そう断わりながらも、神代の神話と人代《じんだい》の歴史が地続きになっている。こんな例は世界のどこにもありません。ですから、神話と歴史が地続きになっているということは、日本の歴史を考える場合のポイントといっていいでしょう。

明治維新を迎え、帝国大学（現・東京大学）が創設されたとき、ベルリン大学のルートヴィヒ・リースという〝お雇い教授〟が招聘《しょうへい》され、日本にも近代的な歴史学が入りました。リースは実証歴史学のランケの弟子でしたが、そうした最先端の歴史学が移入されても、帝大の日本人最初の歴史学教授はやはり神話を説いています。もちろん、その人が「神話も歴史だ」といったわけではありませんが、神話がないと話が一貫しないのです。あるいは、神話を説かないと、後世の歴史的出来事の説明ができないことがあるのです。

一例を挙げておきましょう。

平安時代にわが世の春を謳歌《おうか》した藤原道長《ふじわらのみちなが》がなぜ天皇の位を狙おうとしなかったか？　それは藤原家が、瓊瓊芸命《ににぎのみこと》の「天孫降臨」につき従った天児屋命《あめのこやねのみこと》を先祖としていたからです。天児屋命は重臣ではあるけれど、瓊瓊芸命に扈従《こじゅう》した身分であるから、けっして天皇になることはできないと考えるのです。神話と人代の歴史が地続きになった『古事記』を読めば、そういうことが一目でわかります。

漢字の音《おん》を利用してやまとことばを表記した太安万侶の功績

もうひとつ重要なことは、太安万侶が稗田阿礼の語りをなんとかして日本語で表記したいと考え、そして努力し、それに成功したことです。

それまで日本語は文字をもっていませんでした。そこで彼は漢字を利用することを考えました。といっても、漢字の意味ではなく、その音《おん》を利用したのです。

これも例を挙げておきましょう。

上巻は、読み下しにすると、次のように始まります。

天《あめ》と地《つち》が初めて姿を見せたそのとき、高天原に成り出た神の名は天《あめ》の御中主神《みなかぬしのかみ》。次に高御産巣日神《たかみむすひのかみ》。次に神産巣日神《かみむすひのかみ》。この三柱《みはしら》の神はみな独り神《ひとりがみ》で、いつの間にか身を隠してしまわれた。

この冒頭部分の原文は次のとおりです。

天地初発之時、於高天原成神名、天之御中主神。次高御産巣日神。次神産巣日神。此三柱神者、並独神成坐而、隠身也。

ここは神さまの名が並んでいるので見当もつけやすいと思います。やまとことばにいかなる漢字を当てたのか、つまりどんな漢字表記を行っているかとなると、これはグッとむずかしくなります。とはいえ、日本語（やまとことば）を初めて文字として表記したわけですから、これは画期的な大事件でした。

これがどれほど大きな出来事であるかは、ちょっとした比喩《ひゆ》を用いればよくわかります。やや尾籠《びろう》な話になりますが――ある日、夏目漱石の家に泥棒が入ったことがあります。逃げるときの足跡、それから、当時の泥棒は入った家に大便をしておくと捕まらないというジンクスがありましたから、部屋に大便が残っていたそうです。警察は残された足跡と大便から犯人の輪郭を探ろうとします。足の大きさ、そしてそれがどれくらい地面に喰い込んでいるかで体の大きさや体重を推定する。さらに、大便からはなにを食ったかを調べて泥棒の暮らしぶりを摑もうとします。しかし、それ以上推定しようとすると、それはむずかしい。

では、そのとき、泥棒が手帳でも落としていたらどうでしょう？　名前や出来事や備忘が記された手帳が落ちていたら、いろんな手がかりが一挙に摑めるはずです。

大雑把にいって、古代の姿を探ろうとするとき、足跡や大便に相当するのが考古学です。そして手帳に相当するのが歴史的事実――この場合でいえば、太安万侶が書き残してくれた『古事記』です。

もちろん、考古学も尊い学問です。しかし、『古事記』が語り継いできた神代からの歴史のほうがもっと尊いというか、重要な手がかりを提供してくれます。太安万侶がやまとことばを漢字の音《おん》を使って書き残したことの〝偉大さ〟というのはそういう意味なのです。

当然、これは日本だけの話ではありません。

たとえば、イギリスにはストーンヘンジがあります。ロンドン西方二百キロのところにある環状列石《かんじょうれっせき》です。この遺跡をめぐっては太陽崇拝の祭祀場《さいしじょう》だとか、古代の天文台ではないかとか、いろんな説があります。しかし、あの遺跡からイギリス人の歴史がわかると考えるイギリス人はひとりもいません。古英語で書かれたイギリス最古の叙事詩『ベオウルフ』に依拠するほうがイギリス人の歴史がよくわかる。それは日本における『古事記』の場合と同様なのです。

『古事記』解読における本居宣長の大功績

ただし、いまも申し上げたとおり、『古事記』の原漢文を解読するのは非常にむずかしく、後世になると、ほとんど読めなくなってしまいます。そのため、『古事記』は写本が少ないのです。そりゃあそうでしょう、読めない本を写しても仕方がありません。

そんな『古事記』がだいたい全部読めるようになったのは本居宣長《もとおりのりなが》のおかげです。有名な『古事記伝』(一七九八年脱稿)の功績はじつに大きいといわなければなりません。

宣長の『古事記』の読み方に関しては、後世の研究によって異論も出ているようですが、大筋は宣長の読みに従って、それを補足するとか訂正する。そんなふうにして『古事記』は読み進められてきました。

この宣長はたくさんの和歌をつくっています。「宣長の歌は下手だ」という評をよく耳にしますが、彼のいちばん有名な歌は――、

しき嶋《しま》の　やまとごゝろを　人とはゞ　朝日にゝほふ　山ざくら花

――日本人である私の心とは、朝日に照り輝く山桜の美しさを知り、その麗《うるわ》しさに感動する、そのような心です、といったほどの意味です。たしかにあまり上手な歌とはいえません。

しかし私にいわせれば、宣長はうまい歌を詠《よ》むつもりはなかったと思います。というのも、彼はなるべく『古事記』の時代の言葉を使って古代の人びとの心を摑もうと努力していたわけですから、歌人の意識で歌をつくったわけではないのです。とにかく『古事記』をマスターしようという心づもりが強かったのですから、いわゆる〝うまい歌〟でなくてもよかったわけです。そうした気持ちで明和元年（一七六四年）に起稿し、前述のとおり寛政十年（一七九八年）に脱稿したのが『古事記伝』です。その間、なんと三十余年！　これはもう執念としかいいようがありません。

本居宣長（1730 ～ 1801）江戸時代の国学者・文献学者・医師。本居宣長四十四歳自画自賛像。

そのおかげで、われわれ日本人は八世紀初めの自国の歴史書を自分の国の言葉で読むことができるようになったわけです。われわれは本居宣長にいくら感謝しても感謝しきれないというべきです。

かな文字の誕生と文学の発生

これがいかに偉大なことであったかはお隣の韓国と比べれば一目瞭然です。

韓国は朝鮮半島という地勢的な状況も手伝って、徹底的に漢文が入ってきました。したがって、漢文のマスター度も高かったといえるでしょう。ところが古代朝鮮語を漢字で表記しようと努めた人はいませんでした。これが「日本文学史」と「朝鮮文学史」の決定的な差になっています。

日本ではやまとことばの漢字表記がどんどん発達していきますと、かな文字もできるようになります。ところが太安万侶が出なかった韓国では漢文がいつまでも漢文として残り、ごく一部のインテリたちがそれを学び、そのほかの人たちはみな文盲ということになりました。当然、古代朝鮮文学というものなど、ありません。もし文学があったとしても、それは漢文そのもので書かれたものですから、それはやはり漢文学であって朝鮮文学と呼ぶことはできません。

その点、日本では太安万侶がやまとことばの漢字表記を発明してくれたおかげで、そのあとに出る『日本書紀』でも、やまと歌である長歌および短歌が漢字表記で膨大に記載されています。

『日本書紀』――『古事記』の八年後（七二〇年）に編まれたこの書物は、やはり女帝である第四十四代・元正天皇《げんしょう》（先の草壁皇子と元明天皇の娘で、在位：七一五年～七二四年）が舎人《とねり》親王《しんのう》を総裁にして編纂させたものです。こちらは堂々たる漢文で書かれています。それはシナ人など外国人に見せてもわかるように、またシナに対して恥ずかしくないものをつくろうという意図があったためだと推察されます。

これも冒頭を見ておきましょう。

古天地未剖、陰陽不分、渾沌如鶏子、溟涬而含牙。

読み下し文は次のとおりです。

古《いにしえ》に天地未だ剖《わか》れず、陰陽分かれざりしとき、渾沌《こんとん》たること鶏子《とりのこ》の如くして、溟涬《めいけい》にして牙《きざし》を含めり。

――天と地がまだ分かれず、日月・男女などのふたつの気も分かれていないとき、その混沌としたさまは卵の中身のように茫漠《ぼうばく》としていた。そこにはなにかの発芽のようなものが見られた、といったほどの意味で、ご覧のように原文は完全なる漢文です。もっとも、漢字・漢文だけでは日本の歴史は書けませんので、膨大に登場する神さまの名前や日本の土地の名、長歌および短歌はやはり『古事記』に倣った表記になっています。

たとえば、邇邇芸命《ににぎのみこと》の父親は、『日本書紀』では「正哉吾勝勝速日天忍穂耳尊《まさかつあかつかちはやひあめのおしほみみのみこと》」と、漢字の音《おん》を使って表記されています。この非常に長い名前は、『古事記』では「正勝吾勝……」であるのに対し、『日本書紀』では「正哉吾勝……」であるといった具合に、同じ音《おん》でも『古事記』と『日本書紀』では異なる漢字が使われています。よって、まったく違った人が書いたことは明らかです。

では、こうした事実がなにを意味しているかというと、やまとことばを漢字で表わすことが当たり前になった、ということです。

それからしばらくすると、「こんな漢字で書くのはめんどくさいよ」ということになり、漢字を崩してひらがながつくられるようになります。「安→あ」「以→い」「宇→う」「衣→え」「於→お」……といった具合に漢字を崩していったわけです。そして、漢字の旁《つくり》や偏《へん》の一部からつくったのがカタカナです。「阿→ア」「伊→イ」「宇→ウ」「江→エ」「於→オ」……といった調子です。

こうなると、漢字から完全に離れて日本語を表記できるようになります。その日本語表現がどんどん発達していって、十世紀ごろには『伊勢物語』や『源氏物語』といった世界も驚く堂々たる大文学が生まれます。ほとんど漢語を使うことなく、やまとことばだけで書かれた日本の文学が誕生したのです。

私は最近、『伊勢物語』を読み直してみましたが、ほとんど漢語を使っていないことにほんとうに感心しました。登場人物の位を記すときは漢語が使われ、そうでない場合はやまとことばのみ。歌物語である『伊勢物語』にはたくさん和歌が入っています。これには当然、漢語など使いません。しかも、そこに記された数十首は『古今和歌集』にも選ばれているくらいですから、これはもう粒ぞろいです。

たとえば、八十二段の歌。

世の中に　たえて桜の　なかりせば　春の心は　のどけからまし

――この世の中に、まったく桜がなかったとしたら、春のころの人びとの心はのんびりした気分であったろう。しかしいま、桜が咲いているので、たとえば雨が降って散りはしないかと気になって仕方がない、というのです。

漢文のできる在原業平《ありわらのなりひら》の歌ですが、みな、やまとことばです。かな文字の誕生によって、ここにやまとことばを国語で表記するという伝統が生まれたわけです。これがいかに凄いことであるか――それは、韓国やベトナムなど、漢字の影響を受けた国はいろいろあるのに、仮名を発明したのは日本だけであったという事実が物語っています。日本人は外国の文物を自由自在に吸収・消化していく能力に長《た》けているのです。それは同時に日本人の稀《まれ》にみる特性を示しているように思います。

中国、韓国とはまるで違う日本の伝統

ところが、前述したように、お隣の国ではかな文字のようなものを発明することができませんでした。それゆえ、朝鮮文学というのは日本人（福沢諭吉の弟子の井上角五郎ら）がハングルを普及させるまではなかったといってもいいでしょう。韓国の人たちにすれば残念無念だろうと思いますが、古くからの朝鮮文学というのはありません。

同様のことは中国についても当てはまります。

古代シナ文学の孔子の『論語』とか『孟子』というのは周の時代の文化です。非常に高度な文化でした。古代ギリシャの文化に匹敵するか、あるいはそれを超えるような文化で

した。しかし、その周も五百年ぐらいするとおかしくなります。そこで孔子が、「このまいったら周の文化がなくなってしまう」と危惧して形を整えたのが、大雑把にいって五経です。「易経」「書経」「詩経」「礼記《らいき》」「春秋」の五経。しかし、その孔子からさらに三百年ぐらいたつと、周はほんとうに潰れてしまい、秦になります。

その後、前漢があって後漢があって、それから三国時代、五胡《ごこ》十六国時代、南北朝時代ときて、それを統一したのが隋でした。その隋の時代が、日本でいえば聖徳太子の時代に当たります。

では、隋の民族とは何であったかというと、孔子の時代には「鮮卑《せんぴ》」といわれた民族でした。ですから、いまの中国とはまるっきり関係のない民族なのです。孔子の周も現在の中国とまったく関係ありません。

その後もさらに唐（鮮卑）、宋《そう》（漢民族）、元（蒙古民族）、明《みん》（漢民族）、清《しん》（満洲民族）……と変遷しています。

もしもいまの中国人が「孔子の文学は自分たちの文学だ」といって威張《いば》ったら、それはポーランド人かロシア人が「ギリシャ文明はおれたちがつくった」といって威張るようなものです。滑稽《こっけい》至極、噴飯ものです。

ただし、シナ大陸ではいずれの王朝も漢字を用いてきましたから、一定の文明・文化が連綿と続いてきたかのような錯覚を与えることは確かです。そこに中国人や日本人が陥りやすい落とし穴があります。

その点、日本の場合は『古事記』がありますから、神話の時代から現代まで、日本民族の歴史が続いていることが証明されます。しかも、先に触れた高円宮家の典子女王と出雲大社の権宮司の千家国麿さんのご結婚のように両者とも二千年以上の系図が明らかな稀有《けう》な事例も見られるわけですから、日本とはなんと「遥かな国」なのでしょう。

皇統の継承は「男系男子」による

『古事記』はさらに、皇統の継承は「男系男子」による、という伝統を明らかにしています。

それは下巻の第二十五代・武烈《ぶれつ》天皇（在位：四九九年〜五〇六年）の項に記されています。短い記載ですから、全文を現代語訳してみましょう。

小長谷若雀命《おはつせのわかさざきのみこと》（武烈天皇・渡部注）は長谷《はつせ》の列木《なみき》の宮に坐《ましま》して、天下を治められること八年であった。この武烈天皇には日嗣《ひつぎ》の皇子《みこ》がいらっしゃらなかった。そこで、自分の名を後世に伝えるため、「小長谷部《おはつせべ》」という皇室の私有民を定められた。

武烈天皇がすでに亡くなられたというのに、皇位を継承する皇子《みこ》がいらっしゃらなかった。そこで、応神《おうじん》天皇の五世の孫である袁本杼命《おおどのみこと》を近淡海《ちかつおうみ》から迎え、手白髪郎女《たしらかのいらつめ》と娶《めあ》わせて天下を委ねたのである。


それが第二十六代・継体《けいたい》天皇（在位：五〇七年～五三一年）だというのです。

本文にあるように、この継体天皇は第十五代・応神天皇（在位：二七〇年～三一二年）の五代あとの子孫だといいます。そんなに時代が経過すれば、血統はずいぶん薄れていたはずです。それでも、少しでも皇統を受け継いだ男子を探してこなければいけなかったのは「皇統継承は男系男子による」という原則があったからです。

じっさい、継体天皇が結婚された手白髪郎女《たしらかのいらつめ》という人は先代の武烈天皇の姉か妹でしたから、もし「女系継承」が許されるなら、彼女が皇位を継げば話は簡単だったはずです。しかし女系による皇位継承は許されなかったため、八方手を尽くして田舎から袁本杼命《おおどのみこと》という人を見つけてこなければならなかったのです。

『古事記』はこのように「皇統の男系男子継承」を伝えているわけです。では、どうして男系でなければならないのか？ それについては、こんなふうにお話しすればわかりやすいのではないかと考えています。

ひと口にいえば――「種」と「畑」は違いますよ、ということです。畏れ多い比喩ですが、皇統は「畑」(女性)ではなく「種」(男性)によって維持するのが原則とされたのです。日本は農業国でしたから、農耕のイメージで考えたのだと思います。「種」は畑に植えても田んぼに植えてもなんら変わりがありません。それがどんな畑であれ、田んぼであれ、稲を植えれば稲が育ちます。麦を植えれば麦が育つ。それゆえ、種には永続性ないし連続性がイメージされます。

ところが、「畑」は違います。稲を植えれば稲が生《は》えてきますが、粟を植えれば粟が生えてしまいます。麦を植えれば麦、稗《ひえ》を植えれば稗が生えてくる。セイタカアワダチ草の種が持ち込まれるとセイタカアワダチ草が生えてくる。永続性ないし連続性は崩れてしまいます。これではとてもではないけれど、系統概念にはなりえません。

そのため、皇室では「畑」ではなく「種」が重視されてきたわけです。

日本人の歴史観の根底をなす『古事記』

ここで私事にわたりますが、私は『古事記』に対しては特別の愛着をもっています。

占領軍は「天皇が神ではない」ことを示すために神道指令（神道の禁止令）まで出して日本の宗教に干渉してきました。神宮皇學館という学校は一時廃止され、国学院大学でも『古事記』を教えることができませんでした。

ところが、私の通った上智大学では『古事記』の講義があったのです。当時、上智大学は新制大学に変わったばかりでしたから、文部省（現・文部科学省）の指令にばか正直に従っていました。ですから、文部省にいわれるとおり、教養科目を非常に重んじました。そのため、私は英文科の学生でしたが、国語も必修でした。その国語の授業のとき、先生が「『古事記』を読もう」とおっしゃったのです。その人は神道のある一派を背負った東大卒の佐藤幹二という教授でしたが、そのときこうもおっしゃいました。「いま日本の大学で『古事記』を教えることができるのはこの上智大学だけです。だから『古事記』を読みましょう」と。

ではなぜ、上智では『古事記』を教えられたのかといいますと、こんな事情がありました。当時の上智大学はアメリカの大学関係の機関から頼まれて国際部という学部をつくりました。いや、つくらされた、といったほうが適切でしょう。夜間の学部でしたが、完全にアメリカのカリキュラムに沿い、授業料もアメリカ並みでした。したがって、きわめて高額でした。ふつうの日本人ではとても入れない。たしか、その学部ではＢＡ（文科系学士）、

MA（文学修士）まで出していたはずです。そういうこともあって、アメリカ人がたくさん学びにきていましたから、『古事記』を教えても「占領軍も文句をいわないだろう」というのが佐藤先生の〝読み〟でした。

そうして『古事記』を読んだわけです。そもそも神道系の先生でしたから、非常に高度な授業でした。しかも、『古事記』とはなんぞやという講義ではなかった点もよかったと思います。佐藤先生の講義ではなく、『古事記』そのものを読む授業でしたから、これはたいへん勉強になりました。私はいまでも佐藤先生の授業に感謝しています。

しかも、この授業は一時間目でしたから、出席する学生は少なかった。当時はいまのJRを「国電」と呼んでいましたが、朝方はこれがものすごく混みました。その点、私は大学構内の学生寮に住んでいましたから、国電の混雑とは関係ない。また、英文科の授業でしたから、『古事記』を読もうという学生はパラパラとしかいません。私ひとりというケースもありました。それが昭和二十四年のことでした。

ですから私は、終戦直後の大学で『古事記』を読んだほとんど唯一の日本人学生ではなかったかと、かすかな誇りをもっています。

＊

『古事記』のもつ重要性は以下の諸点にあります。

①神話の時代と歴史の時代が地続きであることを明確に示している。
②太安万侶の発明によって、漢字の音《おん》を使い、やまとことばで、古代の心や事績を書き残すことができるようになった。
③その発明は、かな文字の起源にもなった。
④『古事記』に記された皇統の継承は「男系男子」による原則を伝えている。

このように、『古事記』は日本人の歴史観の根底をなしているのです。

現代では神話をそのまま「事実」と考える人はいないでしょうが、しかし、それを信じていた人びとが日本をつくり、また動かしてきたということを忘れてはなりません。

「令和」命名者・中西進氏の誤謬

『古事記』の音表記のおかげでやまとことばの息吹に触れる

八世紀の半ばに大伴家持《おおとものやかもち》が編纂を始めた『万葉集』は全二十巻、四千五百余首です。

この『万葉集』の特徴は何かといえば、『古事記』に始まる伝統に従ってやまとことばを漢字で表記したところにあります。そのおかげで、当時のやまとことばがそっくりそのまま残りました。また、古代人の気持ちや心、喜怒哀楽といった感情の動きも、現代のわれわれにも手に取るようにわかる。これはとにかくありがたいことです。

ここでも例を挙げておきましょう。

巻第一の二〇（巻数の下の数字は『国歌大観』の番号）、有名な額田王《ぬかたのおおきみ》の「あかねさす……」という歌はどう表記されているかといいますと、こんなふうに記されています。

茜草指　武良前野逝　標野行　野守者不見哉　君之袖布流

これを「あかねさす　紫野行き　標野《しめの》行き　野守《のもり》は見ずや　君が袖振る」と読むわけです。

——紫草《むらさきぐさ》の生えている野が茜色《あかねいろ》に染まっている。関係ない人の立ち入りを禁じて標《しめ》を張ったその野を行き来なさったら、野の番人が見るではありませんか。そんなに袖をお振りになったりして、という意味です。

『古事記』の「天地初発之時、於高天原成神名……」という一文を「天地《あめつち》初めて発《ひら》けし時、高天の原に成れる神の名は……」と読んだのと同じように、漢字の音《おん》をうまく利用して一首の歌を書き留めています。

漢字の音《おん》に頼った表記ですから、万葉学者によって読み方が微妙に違ってくることもありますが、しかし、大きな相違はない。だいたいのところは一定の枠のなかに入ってきて一致します。そのおかげで、現代のわれわれも古代のやまとことばに触れることができるわけですから、太安万侶が『古事記』で発明した漢字の音《おん》読みには大いに感謝しなければなりません。

『万葉集』を貫く言霊思想と「歌の前の平等」

もうひとつの特徴は、『万葉集』の作者が上は天皇から下は兵士、農民、遊女、乞食に至るまで、各階層に及ぶことです。身分の高い人と低い人が入り交じって、差別はまったく見られません。もちろん、男女の隔てもありません。作者の暮らす地域も東国、北陸、九州の各地にわたっています。ですから、文字どおりの〝国民的歌集〟ということができます。

では、なぜこれほどまでの国民的歌集ができたのかということについて、私はある仮説を述べたことがあります。まったくの素人の仮説でしたが、国文学を専門とする故・谷沢《たにざわ》永一《えいいち》先生にお褒めいただきましたので、案外、当たっているのではないか……と自負しています。

『万葉集』に採用する歌を選ぶ基準はなにであったかといえば、純粋に「いい歌であるかどうか」ということだったのではないでしょうか。「なんだ、そんなことは当たり前じゃないか」という勿《なか》れ。「いい歌」とはなにかというとき、それは当時の観念からいえば「言霊《ことだま》」（言葉に宿る霊力）が感じられる歌だったのではないか。その言霊さえ感じられる歌であれば、それを「いい歌」として採用し、作者の身分を問わなかったのではないでしょうか。

巻第二の一三一には、「歌聖」柿本人麻呂《かきのもとのひとまろ》が石見国《いわみのくに》（現在の島根県）に妻を残して上京するときの長歌があります。その終わりのほうを引いておきましょう。

……玉藻なす　寄り寝し妹《いも》を　露霜の　置きてし来れば　この道の　八十隈《やそくま》ごとに
万《よろづ》たび　かへり見すれど　いや遠《とほ》に　里は放《さか》りぬ　いや高に　山も越え来《き》ぬ　夏草の
思ひ萎《しな》えて　偲《しの》ふらむ　妹《いも》が門《かど》見む　靡《なび》けこの山

——玉藻のように寄り添ってきた妻を、露や霜を置くように残してきたため心残りで、曲がり角ごとに振り返って見るのだが、妻の里はますます遠くなってしまった。ますます高く山も越えてきたことだ。夏草のように、恋しさに萎《しな》えて私のことを思っているであろう妻、その家の門を、ああ、見たいものだ。靡け！　山々よ。

最後の「妹が門見む　靡けこの山」は絶唱というしかありません。たとえばこうした言葉に当時の人びとは「言霊」を感じたのではないか。そう考えても見当外れではないと、私は思っています。

日本人はとりわけやまとことばを重んじましたが、それは言葉や言葉の響きのなかに一種の霊力を感じていたからです。そうした日本人の感性をいまに伝えているのが『古今和歌集』の「仮名の序」です。紀貫之《きのつらゆき》の書いたこの序文は原文のままでも意を取れると思いますので、そのまま引いておくことにします。

力をもいれずして天地《あめつち》を動かし、目に見えぬ鬼神《おにがみ》をもあはれと思はせ、男女《おとこおうな》のなかをもやはらげ、猛《たけ》きもののふの心をもなぐさむるは歌なり

これが「言霊」の力です。

そして、そうした言霊の感じられる歌であれば、作者の身分は問わずに選んだ。これを言い換えれば、「歌の前の平等」ということになります。

言霊の思想と「歌の前の平等」――これこそが『万葉集』を貫く精神なのではないかといったら、国文学者の谷沢永一さんが「そのとおり！」と褒めてくださったのです。

ところで、なにの前で平等か、ということに関しては国や時代で異なります。

ユダヤ＝キリスト教圏であれば、「万人は神の前で平等である」ということになるでしょう。教会でいかに高い地位にあろうとも、神の目から見れば教皇も奴隷もいっしょなの

です。

近代社会においては「法の前の平等」ということができます。それはローマ帝国も同じでした。帝国は多くの異民族を抱えていましたので、それらの人びとをローマの忠実な市民とするには公平に扱わなければなりませんでした。そこで、公平さの基準を「法」に置き、「法の前では平等だ」としたのです。

古代日本では、いまお話ししたとおり、「歌の前の平等」でした。和歌が上手であれば、身分など関係ないという思想があったと考えられます。

古代という時代にそんな平等思想があったことが『万葉集』からわかります。逆にいえば、そうした平等思想がなかったら『万葉集』のような体裁の歌集はけっして編まれることはなかったはずです。

柿本人麻呂にしろ、山部赤人《やまべのあかひと》にしろ、身分は高くありませんでした。とりわけ人麻呂には「石見の大きな柿の木の股から生まれた」という伝説があるくらいです。これが素性も知れぬ下賤《げせん》の生まれを暗示していることは見やすい道理でしょう。しかし、その人麻呂の歌には言霊が宿っていた。そこで「歌聖」と呼ばれ、和歌の神さまとして崇拝されるようになったのです。

そうした事情はいまでも見てとることができます。

日本には短歌の結社がいくつもあります。主催者は、昔はたいてい男性でしたが、そこにごく普通の家庭の主婦が入会し、歌をつくっていくうちにどんどん上達していったとします。すると、その主婦には「ほんとうは私のほうが上手なんだけどなあ」という意識が生まれてきます。そうした「歌の前での平等」「言葉の前の平等」といった意識はいまでも根強くあるのです。

敗戦直後に感動した『万葉集』の御製

『万葉集』についても、私は個人的な思い出というか、懐かしさを感じています。

敗戦の翌年ですから、昭和二十一年のことです。私は旧制中学の四年生でした。日本国中、一面の焼け野原ですから、当然、教科書などありません。そうしたら菅原《すがわら》五八《ごはち》という国語の先生が「しょうがない。じゃあ、『万葉集』からやるか」といわれたのです。先生は戦前にご自分で買われた『万葉集』をおもちでしたから、冒頭の長歌から黒板に書き始められました。私たちはそれをノートに写すわけです。そして暗記する。そうやって敗戦後の国語の授業がはじまったことをいまでもよく覚えています。

巻第一の一の長歌は第二十一代・雄略《ゆうりやく》天皇（在位：四五七年〜四七九年）のお歌です。

籠《こ》もよ　み籠《こ》持《も》ち　掘串《ふくし》もよ　み掘串持《ふくしも》ち　この丘に　菜摘ます児《こ》　家聞《いえき》かな　名告《なの》らさね　そらみつ　大和の国は　おしなべて　われこそ居《を》れ　……

そうやって書き写しているうちに、この雄略天皇の長歌はみな覚えてしまいました。
——籠《かご》よ、美しい籠をもち、ヘラよ、美しいヘラを手にして、この丘で菜を摘んでいる娘よ。あなたはどこの家の娘なのか。名は何というのか。そらみつ大和の国はすべて私が支配しているのである……という趣旨の歌ですが、歌い出しの音数が「3・4・5・6」と一音ずつせり上がっていくところなど、美しい娘を見かけた天皇の感動の高まりを伝えています。これも言霊を感じさせる歌です。

そして、巻第一の二にある第三十四代・舒明《じよめい》天皇（在位：六二九年～六四一年）の「国見の御製《ぎよせい》」を写していたとき、私はジーンとしました。

大和には　群山《むらやま》あれど　とりよろふ　天《あま》の香久山《かぐやま》　登り立ち　国見をすれば　国原《くにはら》は　煙《けぶり》立ち立つ　海原は　鷗《かまめ》立ち立つ　うまし国ぞ　蜻蛉島《あきつしま》　大和の国は

とりたてて意味のある事象を歌っている歌というわけではありません。直訳すれば――大和にはたくさんの山があるけれども、そのなかでも秀れた香具山に登ってみたところ、里には煙が立っていて、湖には鳥が飛んでいる。いい国だなあ、日本という国は、となります。

しかし、その「うまし国ぞ　蜻蛉島　大和の国は」という言葉は、敗戦の翌年の少年の心には強く響きました。漢詩でいえば、「国破れて山河在り……」ということになるのでしょうが、やはり、やまとことばのほうが心に響く。しみじみと、「ああ、いい国だなあ、日本は」という気持になりました。

私がいた鶴岡市（山形県）は戦争で焼けることはありませんでしたが、日本中の多くの都市が焼かれ、広島・長崎に新型爆弾（原子爆弾）が落とされたことは知っていました。それだけに、「うまし国ぞ　蜻蛉島《あきつしま》　大和の国は」という言葉がジーンと響いたのです。戦争に敗れて焼け野原になってしまったけれども日本はいい国なんだと、祖国への思いがしみじみと込み上げてきました。

このあたりの感動はまさに言霊の作用としかいいようがありません。だからこそ、あれから七十年たったいまも、あのときの感動が甦ってくるのです。そんなことがありましたから、『万葉集』にはとくに親しみを感じています。

文化勲章を受章した学者たちの〝勇み足〟

ところがひとつ、怪《け》しからん話があります。

それは中西進という万葉学者が岩波書店発行の雑誌「文学」誌上で「山上憶良《やまのうえのおくら》は朝鮮からの渡来人である」という説を唱えたことです。その骨子は——憶良が四歳のとき、百済《くだら》が新羅《しらぎ》に滅ぼされたので、彼は医師である父・憶仁《おくに》に連れられて日本に渡ってきた。そして、若い日から四十歳まで写経生として写経の仕事に従事して、やっと四十二歳のときに「遣唐少録」、すなわち遣唐使の末席に連なる書記役となった。その後、官僚となり、歌人としても知られるようになった……というものです。

ところが、私のように『万葉集』の長歌まで暗記させられた人間にいわせれば、「なにを、ばかなことを!」という話になります。だって、そうでしょう、憶良は神功皇后《じんぐうこうごう》を讃える歌をつくっているのです。

懸《か》けまくは　あやに畏《かしこ》し　足日女《たらしひめ》　神の命《みこと》　韓国《からくに》を　向け平らげて　御心を　鎮め給ふと　……　（巻第五の八一三）

――口にするのも、いいようもなく尊いことだが、神功皇后が朝鮮を平定なさって、そうしてお心を静めなさろうと……と、詠っています。どうしてこうした歌をつくったのが渡来人だというのでしょう?

それから、巻第五の八九四には遣唐使に向けた歌があります。

神代より　言ひ伝て《つ》来《く》らく　そらみつ　倭の国は　皇神《すめがみ》の　厳《いつく》しき国　言霊の　幸《さき》はふ国と　語り継ぎ　言ひ継《つ》がひけり　……

――神代から伝えられているように、空に充ちる大和の国は、統治の神の厳《いつく》しき国、言霊の幸ある国と、語り継がれてきました……という意味です。日本は言霊の幸ある国なのだから、遣唐使のみなさんもご無事に、このすばらしい国にお帰りください、といっています。まさに愛国心溢れる一首ではありませんか。

ついでにいえば、遣唐使として唐にいたときはこんな歌をつくっています。

いざ子ども　早く日本《やまと》へ　大伴《おおとも》の　御津《みつ》の浜松　待ち恋ひぬらむ　（巻第一の六三）

――さあ、みんな、仲間たちよ、早く日本へ帰ろうじゃないか！　難波《なにわ》の御津《みつ》の浜松も、その名のとおり、われわれを待ち焦がれていることであろう。

こうした歌をつくった人物が渡来人であるはずがありません。百歩譲って、憶良が百済から戻ってきた人だとしても、それはお父さんに連れられた引揚者です。引揚者は渡来人や帰化人ではありません。私の家内は戦後、奉天から引き揚げてきましたが、断じて満洲人ではないのと同じことです。

中西進さんは偉い万葉学者なのでしょうが、しかし、「憶良＝渡来人」説はどう考えたっておかしいと思っています。

振り返ってみると、一九七〇年代あたりは朝鮮にシッポを振る風潮がありました。「日本人の先祖は大陸からやってきた騎馬民族である」という江上波夫先生の「騎馬民族説」が出たのも、たしかあのころだったと思います（一九六七年）。日本人がそういう説を立てると、朝鮮人はたいへん喜びました。げんに、中西さんは『古代十一章』（毎日新聞社）という本の「ノート」のなかで、「憶良＝渡来人」説を知った在日朝鮮人作家の金達寿《キムダルス》氏が喜んだという趣旨のことを記しています。

そんなふうに、当時は朝鮮人を喜ばせるような説がいろいろ出たものです。また、彼らを喜ばせると、いろんな意味でいいこともあったようです。たとえば、朝鮮を讃えた人たちは文化勲章をもらっています。「騎馬民族説」の江上先生も、万葉学者の中西さんも文化勲章をもらっています。「騎馬民族説」など、とっくの昔に葬られています。それにもかかわらず、文化勲章を授与されるというのはいったいどういうことなのでしょう？　なにかウラがあるのかもしれませんが、そこまで穿鑿《せんさく》する気にはなりません。

これは若いころの出来事ですが、私は江上先生の面前で「騎馬民族説」を論破したことがあります。

日本文化会議の月例懇話会が文藝春秋の九階で行われていたころ、私は福田恆存《ふくだつねあり》先生や林健太郎先生といった偉い人たちの末席に連なって江上先生の「騎馬民族説」をうかがったことがあるのです。お話が終わって、偉い先生方と江上先生の質疑応答が一段落したところで、若造の私はおそるおそる質問をしました。

「先生のお話をうかがっていますと、なるほど大和朝廷は騎馬民族の子孫のように思えてきますけれども、ひとつ疑問が残ります。それは日本民族の最古の伝承である『古事記』や『日本書紀』のなかに馬に乗った英雄がひとりも出てこないことです。これはいったいどういうことでしょう？　野生の馬の生皮を剝《は》いだ須佐之男命《すさのおのみこと》が、それを天照大神の機織《はたおり》場《ば》に投げ込んだという話ぐらいにしか馬は出てきません」

このときの江上先生の困惑されたご様子はいまも鮮明に覚えています。「ええッ！　そうだったかな。馬は出てこなかった？　いやあ、困ったなあ……」と、何度か繰り返して、口ごもっておられました。そのとき私はバツが悪い思いをすると同時に、記紀を読まずに日本古代に関する学説を立てるとはなんと乱暴な……という思いも抱きました。

『万葉集』は「日本人の心」のふるさとであり、宝庫である

さて、『万葉集』に話を戻せば、いまから千年以上前の古代日本の歌を子供でも読むことができ、暗記することができるというのはじつに稀有なことです。

イギリスも古い国だといわれますが、『古事記』の時代の英語を読めるイギリス人はおりません。イギリスの学者でも特別に研究した人しか読むことができません。それというのも、「オールド・イングリッシュ」はドイツ語のような言語だからです。

ところが、日本の場合はやまとことばで一貫していますから、『古事記』も『万葉集』も読むことができるし、万葉張りの歌を詠む人までいます。こうした言葉の一貫性はじつに尊いし、これくらい言葉が連続している国は、世界広しといえどもないのではないかと思います。

ただし、前にもお話ししたように、シナは一貫して漢字の国ですから、シナ本部を支配する民族が違って発音が異なっても、文字それ自体は同じです。そのため、同じ文化が続いているかのように錯覚します。そんな特徴をもっています。唐というのは鮮卑の民族ですから、周の孔子などとは民族的にまるで関係ありません。しかし、漢詩だけはきわめてうまかった時代です。『唐詩選』という漢詩集があるくらいですから、じつに上手です。唐の時代がうますぎたため、のちの時代はグッと品下る……ということになります。

ということで、現代人が非常に古い時代の歌を読め、そして素直に感動できる国は日本だけだといってもいいすぎではありません。

次も山上憶良の歌ですが、これは戦争中でも現代でも通用する気概に充ちている、と評していいでしょう。

士《をのこ》やも　空《むな》しかるべき　万代《よろづよ》に　語り続ぐべき　名は立てずして　（巻第六の九七八）

――「士」たるもの、空しくあってよいだろうか？　万代ののちに語り伝えられるべき名も立てぬままに……という、男子の思いを述べた歌です。「まことにそのとおり！」と同感される人は昔もいまも多いはずです。

このほかにも、いまでいうエロティックな歌も探せばどんどん出てきます。思い出すまま、列挙しておきましょう。

たらちねの　母が手放《てはな》れ　かくばかり　すべなき事は　いまだ為《せ》なくに　（巻第十一の二三六八）

橘の　寺の長屋に　わが率宿《ゐね》し　童女放髪《うなゐはなり》は　髪上げつらむか　（巻第十六の三八二二）

さ寝《ね》そめて　幾許《いくだ》もあらねば　白妙の　帯乞うべしや　恋も過ぎねば　（巻第十の二〇二三）

それぞれの歌の解釈は次のとおりです。

――たらちねの母の手を離れてから、これほど途方にくれるようなことはまだしたことがなかったのに。

――橘寺の長屋に連れ込んで寝た、あの童女放髪《うなゐはなり》の少女は、もう髪上げをして誰かほかの男と結婚しただろうか？

――枕を交わしてからまだいくらもたたないのに、「白妙の帯を締めよ」とおっしゃるのですか？　恋しさがまだ消えないというのに。

それぞれ性質を異にする、さまざまな秀歌を収めた『万葉集』は文字どおり、「日本人の心」のふるさとであり、宝庫であります。

＊

これまで見てきたように、『万葉集』にはさまざまな歌が収められております。そのポイントは以下のようにまとめられます。

①『古事記』と同様に、漢字でやまとことばを表記しているため、現代のわれわれも当時の言葉の息吹に触れることができる。
②選歌の基準は、歌に言霊が感じられるかどうかという点にあった。
③歌に言霊が感じられれば採用されたから、『万葉集』には、身分に関係なく、天皇の御製から遊女の歌まで収められている。
④これは日本独自の「歌の前の平等」という思想を表わしている。

日本文化は自然に感謝する文化である

神の生んだ島の〝総地主〟は天皇である

日本人の自然観も日本の神々と大いに関係があります。というのも、日本の歴史は究極的に日本の神話と地続きであり、『古事記』の時代から日本は自然豊かな島国であると考えられてきたからです。そして、その島々をお創りになったのはイザナキノミコト・イザナミノミコトとされていました。

『古事記』上巻のそのあたりのくだりを現代語訳して読んでおきましょう。

イザナキノミコトが先に「ああ、なんとすばらしい乙女よ」といい、そのあとでイザナミノミコトが「ああ、なんとすばらしい男子よ」と応えた。そういい終えてから結び合われて生んだ子が淡路島である。次に四国をお生みになった。この島は、体はひとつでありながら顔が四つあって、その顔ごとに名前があった。伊予の国はエヒメといい、讃岐の国はイヒヨリヒコといい、阿波の国はオホゲツヒメといい、土佐の国はタケヨリワケといった。……

これ以後、隠岐《おき》の島、九州、壱岐《いき》の島、対馬《つしま》、佐渡、本州と生んでいきます。淡路島から数えて本州まで、合わせて八島。「この八つの島を先に生んだので日本を大八島国《おおやしまぐに》というのである」とあります。

すでに述べたとおり、『古事記』がまとめられたのは七一二年です。その時代の神話としてこの「国生み」があるわけですから、いまから見れば三千年以上前の出来事と想定されていたと考えていいでしょう。そのとき、皇室はこのイザナキ・イザナミの直系ですから、神話的にいえば天皇は日本の〝総地主〟ということになります。

そうした意識は昔からあったと思います。

一一九二年、源頼朝は武力で初めて全国を制圧し、各地に守護、地頭を置き、そこに御家人を配しました。島津家にしても毛利家にしても、本を正せば頼朝の御家人です。しかし、神話的には日本のほんとうの〝地主〟は天皇家であることを知っていました。それゆえ、絶対に天皇の位には手を出さなかったのです。

イザナキ・イザナミが島々を生んだ、という神話は少々ほかの国とは異なります。というのも、諸外国の神話は「神が宇宙を創造した」とか、「この世界をお創りになった」というわけですから、わが国の「国生み」「島生み」の神話に比べたら大柄ではありますが、ちょっと茫漠としていて、焦点が少しボケます。その点、日本の神話は、われわれの住むこの島を神さまが生んだのだというのですから、実感が湧いてきます。言い換えれば、われわれの先祖はこの国の山河をわれわれと別のものとは考えず、等しく神さまのお創りになったものと見たのです。だからこそ日本人は、自分たちを取り巻く自然に強い親近感を覚え、そしてそれが国民性のひとつとなったのです。

日本人のように土地に対して強い意識をもつ民族を強いて探せば、やはりユダヤ人のイスラエルということになるでしょう。『旧約聖書』を信じれば――神はアブラハムに対してカナンの地、すなわち現在のパレスチナを与えると約束し、さらにはその孫のヤコブにも同じ約束をしています。後者の場合、「創世記」には次のように記されています。

主《しゅ》が彼（ヤコブ・渡部注）のかたわらに立っておられた。そして仰せられた。「わたしはあなたの父アブラハムの神、イサクの神、**主**である。わたしはあなたが横たわっていることの地（カナン・渡部注）を、あなたとあなたの子孫とに与える。
あなたの子孫は地のちりのように多くなり、あなたは、西、東、北、南へと広がり、地上のすべての民族は、あなたとあなたの子孫によって祝福される。……」（新改訳版、28：13〜14）

『旧約聖書』を信じるならば、ユダヤ人は「あのパレスチナのあたりはおれたちの土地だ」ということになります。それと同じように、われわれ日本人の先祖も神さまの生んだこの島々を自分たちの国だと信じてきたのです。

これだけ異なる日本人の自然観と西洋人の自然観

イザナキ・イザナミというのは神さまですから、おふたりが生んだ島の自然も尊いものと感じられます。古代の人たちにはそうした意識があったはずだし、いまでも皇室の方々にはその意識が強くおありだと思います。

自分たちは神さまが生んだ自然のなかに生きているのだと、どこかでかすかに感じることは基本的に西洋人などと異なるところです。山ひとつとってみても、ヨーロッパの人たちが「それを征服する」と考えるのに対し、日本人は山を目にすると、それを尊敬します。たとえば、『万葉集』巻第三の三一七には富士山を詠った山部赤人の長歌があります。

天地《あめつち》の　分れし時ゆ　神《かむ》さびて　高く貴き　駿河《するが》なる　布士《ふじ》の高嶺を　天《あま》の原　振《ふ》り放《さ》け見れば　渡る日の　影も隠らひ　照る月の　光も見えず　白雲も　い行きはばかり　時じくぞ　雪は降りける　語り継ぎ　言ひ継ぎ行かむ　不尽《ふじ》の高嶺は

――天地が分かれたときから神々《こうごう》しい、高く尊い富士山を仰いで見ると、陽の光もその頂きに隠れ、月の光も遮られ、白雲も流れなずんで、いつでも雪が降っている。これからも語り継いでいこう、この富士の高嶺を、といったほどの歌ですが、日本人の山岳信仰をよく表わしています。

こうした自然に対する姿勢の違いは、やはり相当に異なる文化を生むことになったといえます。

自然に八百万《やおよろず》の神々を感じることのない西洋人は、木に対しても「神が宿っている」などとは考えませんから、邪魔な木はどんどん伐採してしまいます。そうして苛酷な自然を克服しようとします。また、石や草や鳥獣虫魚を切り刻んでも祟《たた》りなど恐れることがないから、どんどん刻んで分析する。そうすることに彼らはなんのタブーも感じない。そうした合理的な姿勢から西洋流の自然科学が生まれます。そして、その科学は数々の発明や発見を可能にし、それが産業革命にまでつながっていったといえます。

それに対して、われわれ日本人はどんな姿勢で自然に向かったかといえば、花を愛《め》で、月や星を眺め、風の音に耳を傾け、そうして「風流」を感じてきたのです。

東西の文化的な相違を脳から説明したものとして、一時もてはやされたのが東京医科歯科大学の角田忠信《つのだただのぶ》名誉教授の『日本人の脳』(大修館書店)という本でした。その説によればーー私たち日本人は虫の音《ね》を聞いていろんな思いを抱くのに対して、西洋人は単なるノイズとしてしか認識しないといいます。それはなぜか? 脳には左脳(言語脳)と右脳(音楽脳)があり、日本人は虫の音を左脳(言語脳)で処理するのに対し、西洋人は右脳(音楽脳)で処理するからだ、というのが「角田説」です。右脳(音楽脳)で処理する西洋人は虫の音を意味あるものとしては受け取らない。だから、ノイズに聞こえてしまう。しかし、日本人は左脳(言語脳)で処理するから、そこに意味を感じ取る。風の音にも風流を感じるというのです。

この理論に立てば、芭蕉の句ーー、

閑《しずか》さや　岩にしみ入る　蟬の声

これはヨーロッパの人たちには絶対につくれない句ということになります。小川のせせらぎに安らぎを覚え、虫の音に耳を澄ませ、風の音に季節の移り変わりを感じる……というのは特殊日本的な感覚なのかもしれません。川端康成には『山の音』（新潮文庫）という傑作があります。ふと耳にした山の音を死期の告知と恐れながらも、息子の嫁にほのかな恋情を抱く老人を主人公にした物語です。「山の音」をモチーフにした、こういう小説はヨーロッパではなかなか生まれることがないでしょう。

そこで話を山に戻せば、山に対する尊敬の象徴としてあるのが神社です。私の田舎のことでいえば、羽黒山、月山《がっさん》、湯殿山《ゆどのさん》という「出羽三山」にはみな神社があります。

それで思い出したのは、ずいぶん前、フジテレビの番組で竹村健一さんといっしょにオーストラリアへ行ったときのことです。「世界で二

松尾芭蕉（1644〜1694）江戸時代の俳諧師。
©Bridgeman Images／amanaimages

番目に大きい一枚岩（標高八〇〇メートル強、周囲は約九キロ）」として世界遺産に登録されているエアーズ・ロックの近くで収録をしたのです。そのエアーズ・ロックを見上げながら、「ああ、日本と違うなあ。これだけすばらしい岩山があったら必ず上に神社があって鳥居が建っているのに……」と、ふたりで話し合ったものでした。

立派な岩山ですから、先住民も「神聖」を感じたはずなのに、彼らはその「神聖」を表現する仕方を知らなかったのでしょう。

日本人は違います。先ほどの富士山にだって浅間大社《せんげんたいしゃ》があります。祭神は『古事記』にも登場する木花咲耶姫《このはなのさくやひめ》です。日本人には自然を尊ぶ伝統がありますから、身の回りの自然に対していつも尊敬を忘れないのです。

苛酷な自然におののいてきたから自然の恵みにも感謝した

同時に、自然に対して恐れおののく気持ちがあったことも見逃すことはできません。先ほどの話でいえば、西洋人が自然を「克服すべき対象である」と考えたのはヨーロッパには台風や地震がなかったためではないでしょうか。自然と戦っても勝てそうな気がする。ところが日本の場合は、大地は揺れる、暴風雨は襲ってくる……。これでは自然に立ち向かってもとても勝てそうにない。そこで自然に対して恐れおののくという態度が生まれたと考えることができそうです。海が荒れれば浜辺に神社を建て、崖崩れが起こればその近くの小高い山などに神社を建て、荒ぶる自然の神を鎮めようとしてきました。いってみれば、自然は人間よりも偉かったのです。

平安時代の貴族たちも大きな天変地異に襲われると、大いに恐れおののき、悪政が神々の怒りを買ったのではないかなどと恐れています。その代表的な例が「道真《みちざね》の怨霊《おんりょう》」でしょう。

九〇一年、右大臣・菅原道真は政敵・藤原時平《ふじわらのときひら》の讒言《ざんげん》によって職を解かれ、大宰府《だざいふ》に流されます。そして、その翌々年に没すると、その後の京では異変が相次ぎました。まず、政敵・時平が三十九歳の若さで亡くなると、皇子たちも次々に病死。さらには朝議中の清涼殿が落雷を受け、朝廷要人に多くの死傷者が出ました。こうした異変を「道真の祟り」と考えた朝廷は慌てて道真の罪を赦すとともに贈位を行っています。

これを裏返すと——今度は、豊漁でも豊作でも自然からの「お恵み」と受け取るようになります。鯨を獲っている地方では鯨を祀る神社がありますし、私の故郷・山形県には「草木塔《そうもくとう》」といって自然の木や草の命をたいせつに思い、その命を供養する自然石の碑がありますす。その石にはたいてい「山川草木悉皆成仏《さんせんそうもくしつかいじょうぶつ》」などといった碑文が刻まれています。

三保の松原　静岡県静岡市清水区の三保半島にある景勝地。その美しさから日本新三景（大沼、耶馬渓）、日本三大松原（虹の松原、気比の松原）のひとつ。歌川広重・画。©Bridgeman Images／amanaimages

世界中の農耕民がどこでも自然の恵みに感謝してきたことは間違いありませんが、草や木まで崇める伝統のある日本人の感謝の仕方は、そのなかでもいちばん深かったといえそうです。

それだけに、日本人は環境問題になるときわめて敏感になるところがあります。

私の記憶によれば、戦後の高度成長時代、日本の環境はものすごく悪化しました。川や沼、池などの底に沈殿した有機物の混じった泥を意味する「ヘドロ」という言葉が使われ始めたのもそのころです。たしか一九六〇年代のことだと思いますが、白砂青松の景勝地として有名な三保《みほ》の松原（静岡県静岡市）の周辺に製紙工場群が建ち並び、そこから排出される大量のヘドロが問題になりました。すると、日本中の人が電撃的な反応を見せ、一挙に環境運動が広まったのです。「三保の松原」といったら、羽衣伝説の舞台であると同時に、そこから富士山が美しく見える田子の浦（静岡県富士市）近辺にあります。

田子の浦は、前に引いた赤人の長歌の反歌（巻第三の三一八）に出てきます。

田児《たご》の浦ゆ　うち出《い》でてみれば　真白にぞ　不尽《ふじ》の高嶺に　雪は降りける

――広い田子の浦を通って出て見ると、真っ白に富士の高嶺に雪が降っていた、と詠まれる田子の浦は『万葉集』に出てくるほど有名な自然なのです。そこがヘドロまみれになっていると聞いたら、多くの人たちが「たいへんだ～ッ」となったのも当然の話でしょう。日本中が大騒ぎになって、そしてその後、改善されたことをよく記憶しています。

「死んだら父祖の地に」という日本人の思い

前にご紹介した上智大学の佐藤幹二先生はこんな意味のことをおっしゃっていました。

――島国の同じ場所に住んできた日本人が、晩年になって安らかに死ねるのは、自分の先祖が長いあいだ排尿・排便をしてきた便所のある家で死ぬからである、と。

昔は糞尿を肥料にしていました。その肥料は米や野菜を育て、そうして収穫した食物は自分でも食べました。そうすると、食べた物はまた糞尿になります。糞尿↓肥料↓食物↓糞尿……というサイクルは古代から近年まで続いてきました。そう考えると、「自分たちは先祖の糞尿が転じたものによって生かされている」という実感が湧いてきます。そうなれば、「自分のこの命も子孫につながっていく……」と感じられる。「だから、安心して死ねる」と、佐藤先生はおっしゃったのです。

それを聞いて、学生時代の私もちょっと感心した記憶があります。こうした命の永続性は明治以降の近代化によって相当に薄められてきましたが、われわれ日本人の心のどこかにDNAとして残っているように思います。

戦後の遺骨収集というのもかなり日本的だといわれています。

評論家の佐々淳行《さっさあつゆき》さんが香港領事をなさっていたときですから、一九六〇年代半ばのころの話です。当時、香港には八百人前後の日本兵が埋められていたそうです。ご承知のとおり、そのころの香港はイギリスの統治下にありましたから、遺骨収集をするにはイギリス政府の許可を取る必要がありました。その許可が下り、遺骨を掘り出すことになったら、イギリス総督府の兵士たちが「なんで、そんなことをするんだ?」と訊いてきたといいます。それはどういうことかというと、「魂は不滅である」と考えるキリスト教圏の人たちは「戦死した兵士たちはその場所に埋めればいいじゃないか」と考えるからです。しかし、日本人の場合は「それではかわいそうだ」と考えます。「やっぱり彼らが生まれ育った日本の土に埋めてやりたい」と思うわけです。

そう説明した佐々さんは何人かの人夫を雇い、掘る時間も決めます。そして、掘る前にみんなで「海ゆかば」を歌ったといいます。あの歌は、もともとは『万葉集』に出てくる大伴家持《おおとものやかもち》の長歌の一節です。

……海行《ゆ》かば　水浸《みづ》く屍《かばね》　山行かば　草生《くさむ》す屍　大君《おほきみ》の　辺《へ》にこそ死なめ　顧みはせじと言立《いひた》て　……（巻第十八の四〇九四）

――海に征《い》けば水に浸《つ》かる屍《しかばね》、山で戦えば草のはえる屍、天皇のかたわらで死のう、わが身のことは考えずに……といったほどの意味の歌です。大伴氏は元来が軍事的部民を率いる氏族でしたから、こういう歌が詠まれたのでしょう。

それはともかく、「海ゆかば」を歌うと、イギリス人たちが「その歌はなんだ?」と訊いてきた。そこで、佐々さんが「海軍の挽歌《ばんか》である」と答えると敬礼をしてくれたといいます。それから一所懸命、みんなで掘った。佐々さんも掘った。人夫たちも雇い主が一所懸命に掘っているから頑張った。そうしたらイギリス兵たちもそこに加わってくれたというのです。おかげで、予定より早く作業を終えることができたといいます。そして終わると、イギリス兵たちは再度、敬礼してくれたそうです。

とはいえ、日本人の遺骨収集というのはやはり、キリスト教国の人たちにはピンとこないかもしれません。前に申し上げたように、彼らは「肉体なんて、どうでもいいじゃないか。魂さえ不滅であれば」と考えるからです。ところが、「魂は靖国神社に祀られている」と考える日本人でも、「肉体も、できることなら父祖の地に戻してやりたい」と思うのです。「骨の一部でも祖国の自然に戻してあげたい」と。東西では根本的に発想の違いがあるようです。最近ではたしかに、「死んだら海に散骨してほしい」という人も出てきているようですが、それはやはり新しい思想で、大部分の人は「祖国の地に埋めてもらいたい」と思っています。

それに関連していえば、江戸時代以降の天皇はこれまで火葬ではなく土葬でしたが、今《きん》上天皇《じょうてんのう》は火葬を決断されたようです。毎日新聞は以下のように報じていました。

天皇、皇后両陛下の「ご喪儀」の在り方を検討していた宮内庁は14日、葬法を火葬とすると発表した。天皇の葬法は江戸時代前期から土葬で、火葬は1617年に亡くなった後陽成《ごようぜい》天皇を最後に途絶えていた。両陛下の墓所にあたる「陵《みささぎ》」については、ひとつの陵への「合葬」でなく、隣り合わせにして一体的に造成することで従来より規模を縮小する。両陛下による簡素化の意向を踏まえたもので、皇太子さまや秋篠宮さまの了承も得ているという。（二〇一三年十一月十四日付）

土葬から火葬に変わっても、イザナキ・イザナミの神がお創りになった地にある御陵にお入りになるという点ではこれまでと変わることはありません。

季節の移ろいにきわめて繊細な日本人の感性

日本では人は自然と対立するものではないという発想が強くあります。それは多くの未開民族と共通する自然観かもしれません。それは自然に寄り添う考え方です。これがどこからきているかというと、四季がくっきりしているせいではないでしょうか。春夏秋冬という四季が明瞭な国の自然観と、それがはっきりしていない国のそれとでは質的に大きく異なると思います。

日本人は四季の移り変わりを敏感に察知するし、自然の微妙な移ろいを感知します。そうした感性のなかから生まれてきたのが和歌であり、俳句です。いまでも多くの人が短歌や俳句をつくっています。ともに短詩型文学ですが、それにかかわる人を「詩人」と呼べば、日本にはいかに詩人が多いことでしょう！　こんな国はほかには見当たりません。

しかも、俳句は必ず季語を入れなければなりません。「五・七・五」のわずか十七文字のうちに季語を入れ、季節がわかるようにしなければいけないというルールがありますから、日本の「詩人」たちはプロもアマチュアも自然の移り変わりに神経を研ぎ澄ますことになります。季節の微妙な変わり目を詠んだ和歌もあります。

たとえば、『古今和歌集』巻四の一六九の藤原敏行《ふじわらのとしゆき》の「秋立つ日詠める」という歌。

秋来《き》ぬと　目にはさやかに　見えねども　風の音にぞ　驚かれぬる

——秋がきたと、目にはっきり見えるわけではないけれども、風の音ではっと秋の訪れに気がついた、という歌です。この背後には「立秋の日から風が吹き増さる」という当時の生活実感があります。それを基本に据えて、「目に見る」と「音に聞く」という対比のもとに季節の推移への気づきを詠んだのです。こうした季節感に関して、最近、私が感心したのは松尾芭蕉の『野ざらし紀行』にある一句です。

山路《やまじ》来て　何やらゆかし　すみれ草《ぐさ》

――春の山道を越えてきて、ふと道端に目をやると、かれんなすみれが咲いている。何となく心惹かれることよ。

芭蕉の江戸における門下に榎本《えのもと》(宝井)其角《きかく》という人がいます。蕉門十哲《しょうもんじってつ》の第一の門弟で、「鐘ひとつ　売れぬ日はなし　江戸の春」(めったに売れそうもない寺の梵鐘《ぼんしょう》ですら毎日売れる。それほど賑《にぎ》わっている、大江戸のめでたい新春よ)といった句で知られる俳人です。もちろん、いろんな花についても句作しておりますが、「すみれ」に関してだけは句がつくられていない。それに気が付いた人がいて、其角に「どうして先生にはすみれの句がないのですか」と訊いたそうです。すると、其角は「いやあ」といってから、こう続けたといわれていま す。「すみれについては〝何やらゆかし〟という句があるではないか。あれ以外の詠み方はないのだよ」と。

春、すみれの花が咲いているのを見かけると、ほんとうに「何やらゆかし」という思いがしてくる。この感じ方はもう絶対だと、其角はいいたかったのでしょう。

桜もそうです。日本にやってくると、外国の人たちも桜に浮かれます。千鳥ヶ淵や靖国神社の花見のシーズンになると、このごろは外国人の姿をじつによく見かけるようになりました。前でも引用した業平の歌――「世の中に　たえて桜の　なかりせば　春の心はのどけからまし」という思いは、日本にくると、外国の人たちの心にも芽生えるからではないでしょうか。これが日本の自然観なのです。

大輪の花のみごとさは世界中の人たちが誰でも感じます。でも、「すみれは何だかゆかしいなあ」とか、「桜は花が散るところもいいなあ」といった感性はやはり日本的なものなのです。

『古今和歌集』巻第二の八四、紀友則《きのとものり》にはこんな歌があります。

ひさかたの　光のどけき　春の日に　しづ心なく　花の散るらむ

――光がこんなにものどかな春の日に、どうして桜の花は、はらはらと散っていくのだろう?

花の命をまっとうした輝かしい桜の色と背景の青い空。その対比を詠ったこの歌は、もう「絶唱」というしかありません。こういう歌に接すると、おのずから、「日本はなんとやさしい、いい国であることか」という気になってきます。

日本人の自然観を培った平安文化

こうした自然観が極致に達したのが平安時代の文学です。『古今和歌集』や『新古今和歌集』に詠われている季節に対する微妙な感覚、そこには驚嘆すべき繊細さがあります。また、隣に唐という大国があり、そこには大文学があるというのに、その漢語はほとんど用いず、やまとことばだけで『源氏物語』や『伊勢物語』といった秀れた物語文学を生み出したというのも、じつに偉大なことでした。

この両者の背後にあるのは、宣長が「朝日にゝほふ　山ざくら花」と詠んだ大和心です。大和心とは、日本の自然を感じる気持ち、というべきです。

頼山陽の詩には、こうあります。

花より明《あ》くる　三芳野《みよしの》の　春の曙　見渡せば　唐土人《もろこしびと》も　高麗人《こまびと》も　大和心に　なりぬべし

ここでは解釈を省きますが、もちろん、「花」というのは桜です。そうした桜の花が幻想的に咲き乱れる光景に接したら……シナの人も朝鮮の人も、どうしたって大和心を感じずにはいられない。まさに「大和心になりぬべし」です。

『古今和歌集』巻第一の五六に出てくる素性法師《そせいほうし》の歌も鮮やかです。

見渡せば　柳桜《やなぎさくら》を　こきまぜて　都ぞ春の　錦なりける

――京の都を見渡せば、芽吹いた柳と咲き誇る桜が交ざり合っている。これぞ春の錦の美しさではないか。

やはり桜の花は、日本の自然美の極致といえます。

同時に、日本人の自然観にはその反対面もあります。光強ければ陰また濃し、といわれるように「はかなさ」や「うつろい」に敏感な心です。柿本人麻呂は廃墟《はいきょ》と化した、かつての近江の都に立って長歌を詠んでいます。

……　天皇《すめろぎ》の　神の尊《みこと》の　大宮は　此処《ここ》と聞けども　大殿は　此処と言へども　春草《はるくさ》の繁く生《お》ひたる　霞《かすみ》立ち　春日《はるひ》の霧《き》れる　ももしきの　大宮処《どころ》　見れば悲しも（『万葉集』巻第一の二九）

——天智《てんじ》天皇の大宮はここだったと聞くが、また大殿はここだったといわれるが、春の草がいたずらに繁茂し、春の霞が煙っている。かつて大宮のあったあたりを見るのは悲しい、という意味です。人麻呂は廃墟や死を契機にして過ぎゆく時間を鋭敏に表現した最初の歌人でした。

そんな感性を継承して、大伴家持はこう詠んでいます。

うらうらに　照れる春日《はるひ》に　雲雀《ひばり》あがり　情《こころ》悲しも　独りしおもへば　（『万葉集』巻第十九の四二九二）

——うららかな春の日、ひばりが飛んでいるが、心は悲しい。ひとりものを思っているからだ。

春たけなわだけに、かえって悲しみが胸にこみ上げてくるというのです。「光強ければ陰また濃し」という自然観はこんなところにも結実しています。

このような豊かな自然観を培った平安時代はじつに平和な時代でした。三百年近くのあいだ、京都では死刑が一度も行われなかったといわれます。たとえ「死刑」の宣告が下っても、島流しで終わったというのです。そういう時代が『古今集』『新古今集』という秀れた歌集を生んだのです。

＊

日本人の自然観については、次のようにまとめることができます。

① 日本の島々を生んだのはイザナキ・イザナミであり、したがって皇室はその〝総地主〟である。
② 神の生んだ国であるから、その自然も尊んだ。同時に、死んだらその土に帰りたいと感じるのも日本人の特徴といえよう。
③ 魚であれ、米であれ、草木であれ、自然に感謝する文化であるから、自然を克服しようとしてきた西洋の文化とは対照的だ。
④ 日本には明瞭に四季があるため、季節の移ろいに敏感であり、さまざまな秀歌や秀句も生まれた。

第二章

歴史の見方

歴史は「虹」に似ている

「水玉の研究」では分からない歴史の真実

歴史とは虹のごときものである――このことを私に悟《さと》らせてくれたのは、ある言語学者のエッセイであった。

だいぶ昔のことになるが、ロンドンの大英博物館の近くにある小さな古書店で、オーウエン・バーフィールドという言語学者の書いた一冊のペーパーバックを私は偶然に見つけた。

このバーフィールドという人は、専門書のカタログにはあまり出てこない名前である。しかし、私は三十数年前に、彼の著《あら》わした英単語の歴史に関する本を、これもやはりオクスフォードの小さな古書店で偶然に見つけ、『英語のなかの歴史』というタイトルで訳した経験があった（土家典生《つちやのりお》・共訳。中央公論社・昭和五十三年。現在、中公文庫）。しかも、この本は私の言語史に対する考え方に大きな影響を与えたものであったから、バーフィールドという人に敬意を抱いていた。

それで、私は新しく見つけた、この薄っぺらなペーパーバックもさっそく買い求め、大切にかかえてラッセル・スクエアにあるホテルに戻って、読み始めたのである。

その最初のほうに、こういう趣旨のことが書いてあった。

「歴史というものは虹のようなものである。それは近くに寄って、くわしく見れば見えるというものではない。近くに寄れば、その正体は水玉にすぎない」

この文章にぶつかった時、私はそれまで歴史というものに関して何となくモヤモヤしていたものが、一挙に整理され分かったような気がした。

たしかに、虹というものは普通の存在とは違う、別種のものである。

誰もが虹を見たことがあり、それが存在するという事実を知らない人はいないであろう。しかし、その正体を調べようとすれば、分からなくなってしまうのが虹なのである。

それは遠くから見えてはいても、近づいて検証しようとすれば、そこには単なる水玉しか存在しないのである。これはいったい、どういうことであろうか。

バーフィールドは、ゲーテの『色彩論』のほうが、ニュートンの『光学』よりも虹の現象をよく説明するとしている。

ニュートンが光を客観的物理現象としてのみ分析したのに対して、文学者でもあるゲーテは、「色彩は、その色を見る人間があって、はじめて成立する」という視点を導入し、天然色を扱う現代の光学の基礎を作った。

これを歴史に例《たと》えてみると、なるほどと思い当たることが多い。

虹は、見る人から一定の距離と角度を置いた時に初めて、明瞭に見える。逆に言えば、その距離と角度が適当でなければ虹は見えない、ということなのである。

同じ時間に空を見ていながら、虹を見なかったという人は、いた場所が悪かったか、あるいは虹に近すぎたからに外《ほか》ならない。

そして歴史における水玉というのは、個々の歴史資料や個々の歴史的事実といったものであろう。だが、こういった歴史的事実を集めてみても、その観察者の立っている場所が悪ければ、歴史の実像は、いっこうに見えてはこないのである。

見る側の人間がいなければ、虹と同様で「歴史」は存在しない。いわゆる客観的なものは個々の「史実」だけであり、それはあくまでも虹における水滴のごときものなのである。

それはたとえば、この前の戦争、すなわち第二次世界大戦の歴史を考えてみれば分かるであろう。

日本人は「バカの集団」だったのか

第二次世界大戦に関しては、その虹の水玉一滴一滴をすべて数えられるほどに、私たちは情報を持っている。

参戦国の政策決定に関する内部文書、当時の政権担当者たちの詳細な日記、新聞・雑誌の記事、さらには戦争で死んでいった兵士たちの遺書までが出版され、容易に入手することができる。読者の中にも、そのような精細な記録の一部を読まれた方は多いであろう。

もちろん、そういった記録を読めば、あの戦争がいかに日本にとって勝ち目のないものであったかは、誰の目にもよく分かる。また、その勝ち目のない戦争を指導していた当時の軍部や政府がいかに無能の集団であったかも、同じ日本人として一種、歯がゆいくらいの思いがするほど、よく分かるのである。

だが、そのような記録を読めば読むほど、「なぜ日本人全体が、あのような勝ち目のない戦争に平気で突入したのか」という疑問ばかりが湧《わ》いてきてしまうのは、どうしてであろうか。そして、この疑問に答えてくれるような、専門家はなぜ少ないのであろうか。

もちろん、「あの当時の日本人は、バカの寄せ集めだったから、無謀な戦争を始めたのだ」

と単純に決めつけて満足していた人が戦後多かったのは、よく知っている。また、そういう決めつけに終始するような〝歴史書〟も、たくさんある。

しかし、そのような単純な結論では問題の解決にならないことは、誰でも分かることだ。第一、そんなに「バカな日本人」なら、どうして戦後、わずか数十年で経済や技術などの重要な面で世界のトップに立つような奇跡をなしとげられるというのか。それとも、終戦を境に、日本人はまったく別の民族になってしまったのであろうか。

それは、おとぎ話としては面白いかもしれないが、理性的な結論とは言えないであろう。やはり、日本がなぜ戦争に突入したのかに関して、今日のわれわれが納得できる説明が必要なのであり、それが歴史における虹を見せるということではないのだろうか。

そして、これは〝水玉〟を一生懸命に見つめていたところで、答えが出てくるというものでもないだろう。なぜなら、この問題に関しては、少なくとも明治維新前後から現代に至るまでの日本史と世界史を見通さねば、その答えは分からないと思えるからである。

繰り返すが、いくら歴史的事実を山のように積んでみても、全体像としての歴史、つまり〝虹〟はなにも見えてはこない。やはり、距離と角度が必要なのだ。

用明《ようめい》天皇とコンスタンチヌス大帝の共通点とは

そういえば、私が歴史に本当に興味を持ったのも、一九五〇年代の中頃、ドイツに留学していたころであった。

考えてみれば、日本とは距離的にも文化的にも充分遠いところにいたわけであるが、そのことが私をして、日本という国を、また日本という国の歴史を、あたかも虹を見るように見させたのではないか、と思う。

留学生は誰でも、日本についていろいろなことを聞かれたりする。

それに答えたりするために、日本から持っていった辻善之助《つじぜんのすけ》博士（日本史学者。『日本文化史』などの著者）の本やら年表などを参考にしたが、その時にしばしばドイツ人に聞かれてそれまで私は考えたこともなく、また日本の歴史書でも読んだことがない問題があるのに気がついた。

それは、「日本では仏教徒になった天皇はいないのか。いたとしたら誰なのか、また、いつなのか」ということであった。

たしかに、私はそれまでそういうことを問題意識に乗せたことがなかった。もちろん、専門の学者の中には、事実としてこの問題を知っている人はいたであろう。だが、それを国家の歴史の根幹に関わる大事件であると意識して歴史書を書いた人はおそらくいなかったのではないか。したがって、われわれの問題意識にもなかったのではなかろうか。

事実、年表を見ると、最初に仏教徒に改宗された用明《ようめい》天皇の名前はごく小さな字で書かれているが、その歴史的な意義や影響力については、何一つ触れられていない。

そこで、私は仏教と日本の古来の宗教・神道《しんとう》についての関係に目を開かれる思いがし、これが外国であったならば超重大事件であることに気がついた。

それはローマ史でいうならば、コンスタンチヌス大帝のキリスト教容認（三一三年）――コンスタンチヌス自身がキリスト教の洗礼を受けたのは、死の直前の三三七年五月であった――にも相当する大事件であり、年表には当然、特太のゴシック文字で書かれるべき出来事である。

事実、このキリスト教容認を宣言したミラノ勅令《ちょくれい》によって、キリスト教は世界宗教となる運命を約束されたし、今日のヨーロッパの歴史がここでスタートした。そして、この勅令を出したことで、ローマ帝国自身、まったく違うコースを歩むようになったことも、どんな歴史書にも特筆されているのである。

それなのに日本では、このコンスタンチヌス大帝にも相当する人物の名前を普通の人は知らないではないか。この事実に気がついたとき、私は日本の歴史の特殊性に目を見開かされる思いがしたのであった。

日本から、物理的・心理的に距離を置くことによって、このような事実にいろいろ気づかされ、それが『日本史から見た日本人・古代編』（祥伝社刊）という私の著作につながったのだが、考えてみれば、あの一連の本（同『鎌倉編』『昭和編』）は、すべて〝日本史という虹〟を書こうという情熱に支《ささ》えられていて生まれたのだと、今さらながら思うのである。

歴史に虹を見た頼山陽《らいさんよう》

歴史は虹で、資料は水玉である――こう見た時に、たとえば幕末に頼山陽《らいさんよう》の『日本外史《にほんがいし》』が果たした意味も、よく分かるのではないだろうか。

頼山陽の『日本外史』は、江戸時代後期の日本人で、およそ漢文が読めるような人間なら誰でも読んだほどの歴史書であるが、おそらく、戦後、日本史の専門家で、これを通読した経験があるという人は、ほとんどなくなったようである。

私が尊敬する代表的な江戸学者の一人に、最近お会いしたとき話題に出たのだが、この方も『日本外史』は読んだことがないということであった。

私はたまたま、かねてから『日本外史』を愛読しており、しかも、つい最近ドイツに滞在している間にも再度通読したのだが、「やはり頼山陽の『日本外史』は虹を書いているのだ」と痛感させられた。

もちろん『日本外史』は膨大な本であり、史実的にも、これほど多くの固有名詞が詰まっている歴史書は少ない。それは、虹が水玉でいっぱいになっているのと同様なことであり、同時に、ここが最も肝心な点だが、頼山陽は明らかに特別な視点から、特別な距離を置いて日本史を見ているのである。

人間は誰でも、自分の住んでいる時代のことを絶対視しがちである。イギリス人は王室と議会の共存を当然のことと思い、アメリカでは連邦制度・大統領制を当然と思い、また共産主義あるいは社会主義を絶対視した国も、つい最近までいっぱいあった。これは人間の通弊《つうへい》であろう。

だが、自分が現に住んでおり、しかもその体制が何百年も続いていて、すべての人が体制を絶対視している時代に、その当然とされたものを相対化できるとするならば、その人は特別な知力の持ち主、〝虹〟を見ることのできる人だと言わざるをえない。

頼山陽は、まさにそういう人物だったと思うのである。

彼は江戸時代という、日本史上、最も安定した時代、変化の最も少ない時代に生きてきた。

その当時の人にとっては、将軍家は絶対であり、その下に大名が位置していた。武士、領民にとって絶対の存在であった大名すら、将棋の駒《こま》のごとく転封《てんぽう》することができるような将軍家というものは、それこそ想像に絶した尊い存在として考えられて当然であった。よく、第二次大戦においてスターリンやヒトラーは絶対視されたなどと言うが、それとは比較にならぬ重さが徳川将軍にはあったのである。

なにしろ江戸幕府は、頼山陽のころ、すでに二〇〇年の歴史があり、当時の日本人にとって、その権威を畏《おそ》れる感覚は一種の本能になっていた。

『日本外史』が徳川家を相対化した

ところが、頼山陽は『日本外史』を書くことによって、徳川将軍家の権威を相対化してしまったのである。

まず、彼は徳川家康ではなく、源氏の時代から『日本外史』を書き起こした。

源頼朝《みなもとのよりとも》が史上最初に幕府を開いた将軍だったのだから、武家政治の歴史を書く場合、そこから始めるのは当たり前のように今日の読者には思われるかもしれない。

しかし、源氏から歴史を書きはじめるということになると、徳川氏は源氏、足利《あしかが》氏など、歴代の将軍位を与えられた武家と並列されて書かれることを意味する。実際、頼山陽は「みんな将軍なのだ」という建て前から書き、徳川氏だけを別格にして書かなかった。

だから、これを読み進めば、ひとり徳川氏だけが歴史上、将軍として特別の地位にあるわけではないということが、読者の目に自然と明らかになってくる仕組みになっているのである。

もちろん、徳川時代に生きた人間として、頼山陽は徳川氏についてはきわめて注意深く、膨大《ぼうだい》な紙数を費《つい》やしている。しかも家康、その他の徳川家の人物の活躍に対しては批判的表現は完全に抑《おさ》え、むしろ手柄《てがら》話を讃《たた》えるという形で書いている。

ところが、家康を指す時には、東照神君《とうしょうしんくん》や家康公という尊称を用いず、その時その時の朝廷から与えられた位《くらい》で書いているのである。

これが、頼山陽が『日本外史』を書くときに狙《ねら》った、第二のポイントであった。

たとえば家康が少将の時は「少将殿は、かくなされた」と書いている。後に偉くなって右大臣《うだいじん》になれば、「右府《うふ》は」という主語で始まる。将軍になれば、「将軍は」と書く。そして、将軍職を秀忠《ひでただ》に譲ってからは、「前将軍は」というのが主語になるのである。

家康を褒《ほ》めまくってはいるものの、結局、家康にその官位を与えた朝廷の権威が、読者に自然に伝わってくるように『日本外史』は書かれている。

白河楽翁《しらかわらくおう》（松平定信《まつだいらさだのぶ》、先の老中筆頭）に『日本外史』を献呈したときにも頼山陽は、その献辞の中で、朝廷を指すときに、わざわざ改行して、しかも二字分上げて書いているが、同時に、自分を指すときには一字下げ、楽翁を指すときには行を更《か》え、幕府を指すときには改行し、一字上げて書いた。だから、これに対して、楽翁は一言も文句をつけることはできなかった。

頼山陽はこういう書き方をすることによって、完全に相対化された、朝廷の家臣としての家康という〝虹〟を読者に見せたのである。

明治維新を成立させた歴史書の意義

維新の志士たちが、尊王攘夷というアイデアの基本を頼山陽の『日本外史』から採《と》ったというのは、よく言われることだが、『日本外史』のどこか特定の個所から影響を受けたというよりも、徳川家を一将軍家、一朝臣《ちょうしん》として相対化するという視点から、そのアイデアを得たというのが実際のところであっただろう。

さらに頼山陽は、『日本政記《にほんせいき》』という、『日本外史』よりずっと小さい日本通史を同じ視点から書いた。維新の志士で、明治政府の中心になった伊藤博文《いとうひろぶみ》も、『日本政記』のほうが志士のあいだで、よく読まれたと言っている。小著なだけに忙しい志士には向いていたのかもしれない。

徳川家を相対化し、その上には別の王朝（皇室）がずっと続いていたのだ、ということを意識させたということ――これが浦賀《うらが》に黒船が来た時に、それ以前に白人に押しかけられた他の国々とは違った反応を、日本が示すもとになったのではないかと私は思っている。つまり『日本外史』を読むことによって、読者みんなに王政復古という政治改革の方向が虹のごとく明らかに見えたのである。一冊の歴史書によって、歴史そのものの動きを変えた頼山陽の功績は、空前絶後と言ってもいいのではないだろうか。

したがって、頼山陽の『日本外史』の個々の叙述を、今日の史料的研究などから、「名前を書き間違っている」とか、「正確でない」と指摘するのは、それ自体は文献学として尊《とうと》ぶべきものだろうが、それによって、彼の功績を正当に評価しないというのは、「水玉の研究でなければ、虹の研究ではない」と言っているに等《ひと》しいのである。

〝虹〟としての日本

戦後の日本の歴史学においては、専門史料を扱う人が歴史の専門家とされる傾向が一段と強まった。それはまた、当然のことであろう。私自身も、自分の専門分野（英語学）では水玉に相当することを中心にやってきたと言ってもいい。

しかし、戦後に出版された、日本史についての書物を読む時に、私はいつも不満を感じるのである。

それは、「この著者は、最初から虹を見ようとしていないのではないか」という不満であるし、また、かりに著者なりの虹を書いていたとしても、「虹の見方が間違っているのではないか」、「あらぬ方向に虹を求めているのではないか」という不満である。

そこで私は、私に見える「日本という名の虹」の全体像を、本書（『かくて歴史は始まる』クレスト社刊）で紹介してみたいと思う。

当然のことながら、それは水玉の研究ではないから、個々のことに関する史料はそれぞれの専門家に委《ゆだ》ねるべきであろう。

しかし、それと同時に、専門家がその水玉を累積しただけでは、かならずしも見えない

「虹」が、ある距離を隔《へだ》てて、ある視点に立ったとき、はっきりと見える、ということを伝えたいと思うのである。

では、日本という名の虹を見るのに適当な距離とは、どのぐらいのものであろうか。それは時間的に言って、五〇〇年前、すなわち世界史においてはコロンブスがアメリカ大陸を発見したころから始めるのが適切なのではないかと思う。そして、虹のもう一方の端を、私は二十二世紀から二十三世紀に置いてみたい。

その具体的な理由については、読み進むうちに自然と理解されるであろうから、今は言わないが、少なくともこの程度の時間的規模で見なければ、歴史という大きな虹は見えてこないことは、ご理解いただけるであろう。

朝日人・杉村楚人冠は「朝日」の体質を見抜いていた

1

「第一に注意したいのは、新聞記者がその任務を行うに当り、始終職業の威厳を維持して、これを失墜せざらんことを期すべし、という一事である……従来新聞記者の世間から疎んぜられたのは、記者自らその行いを卑《いや》しゅうして、人またこれを卑しゅうしたのである。世間も悪いが記者も悪かった。」

この一文を読んだ人は、「はてな」と思うであろう。今どき新聞記者をうとんずる人などはないだろうし、また自らその行いを卑しゅうしている新聞記者などありそうにないからである。またこれには次のような言葉が更に続く。

「ただここに注意すべきは、世間にこの公明正大な記者の態度を妨げんために、ことさらに金銭を賜るとか、馳走をするとか、さまざまの小策を弄する人がすくなからぬ一事である。この誘惑に対しては蹶然《けつぜん》として一蹴し去る底《てい》の勇気がなくてはかなわぬ……世の中の職業数々ある中に、誘惑の多いこと新聞記者の如きはけだしすくない。その地位を悪用すれば、どんな罪悪でも人知れず犯すことができる。大記者小記者それぞれその分に応じて、悪いことはできるのである。」

これについても、今どきの大新聞の記者にこんな人たちがいると思う人はまずいないであろう。

弁護士が昔は人におそれられ、同時に軽蔑《けいべつ》された職業であったことを、何かで読んで知っている人すらこの頃は少ない。弁護士と言えば医者と並んで世間の尊敬をえている自由業の双璧《そうへき》みたいなものであるからである。それと同様に新聞記者が弁護士と並んで人におそれられ軽蔑された職業であったということは近頃の若い人は知識としても知らないであろう。新聞社というのは入社試験でも最も難しい分野であって、パスすれば同級生の羨望《せんぼう》をあつめるのが常である。

事実、私が今まで会った人のうち、もっとも傲然《ごうぜん》たる態度を示したのは、某大新聞社の幹部の人であった。今から十五年以上も前のことになるが、私は縁談のことでその人に会うように言われ、彼の新聞社に出かけて行った。するとその大幹部の人は、当時大学の講師になったばかりの私に向って、顔を合わせるや開口一番、「学校の先生は給料も少ないし、ボーナスも少ないから、あの娘さんにはこの縁談はよしなさい、と言ってるんだ」と言った。

そう言われれば正に仰せの通りで、この縁談はまとまらなかった。私はその後も縁談がいろいろあったし、また、学校の教師という職業がら、少なからざる縁談の相談も受ける。しかし他人の職業に対して真正面からこれほど軽蔑の念を露骨に示した男は（中年の女にはいないこともない）後にも先にもこの人だけだから、新聞人のプライドというものは大したものだという印象が今でもあざやかに残っている。私が直接知っているいかなる人でも――イギリスの貴族でも、ヨーロッパの王族でも、世界的な学者でも、カトリックの大司教でも、日本の大臣でも大実業家でも――わが国の大新聞の幹部ほど傲然と構えていた人はいなかったのである。

正に無冠の帝王である。いや帝王以上のものである。このような現状なのに、新聞記者に向って「その行いを卑しゅうするな」などと忠告するのはアナクロニズムも甚しいと言わねばならないであろう。

こういうアナクロニズムが書いてある本が最近出版された。杉村楚人冠《すぎむらそじんかん》著『最近新聞紙学』（中央大学出版部）がそれである。ところがよく読んでみると、さすが新聞紙学の古典と言われるだけあって、初版から半世紀もたった今頃に再刊されたのを読んでも、いろいろ考えさせられることがある。そのいくつかをとりあげてみたいと思う。

その前に著者のことにちょっと触れておく必要があるかも知れない。若い読者の中には楚人冠を知らない人も少なくないだろうから。

杉村楚人冠は本名広太郎と言い、明治五年（一八七二年）に和歌山県に生まれ、はじめ英吉利《イギリス》法律学校（中央大学の前身）に学んで通訳や翻訳の仕事をしていたが、後に朝日新聞社に入社し、日露戦争後にイギリスに特派され、そこから送ってよこした軽妙奇警な文章で、文名を上げた人である。

文章が上手であっただけでなく、研究者的センスがあり、外遊中に英米の新聞事情についても研究し、外国一流新聞の制度を取り入れて、調査部及び記事審査部をはじめて朝日新聞に作ったのも彼であった。朝日新聞がそれまでの日本の新聞にない「権威」を持ち出したのは楚人冠のこうした制度上のアイデアに負うことが少なくないと言われている。

また楚人冠はすこぶるアイデアに富み、新聞の縮刷版を考えたり、『アサヒグラフ』を創刊した。これは日本における視覚文化を先どりした事業であり、彼の時流を見る目のするどさをよく示している。

学者的な素質があったことはここで扱う『最近新聞紙学』からも容易にわかるところで、

頭脳が組織的である。しかも内容はいずれも彼自身の体験を中心としたものであり、学識とユーモアが見事な調和をなしている。今日は新聞学科のある大学も方々にあるが、これだけの業績のある人、あるいは作れる人はそんなに多くはないのではないかと思われる。

楚人冠は英語がよく出来た上にイギリスやアメリカで活躍したので、英語は読むことに加えて話すことも上手で、当時の日本人としてはかなり珍しいタイプであったが、同時に東洋的趣味をも深く解していたので、故池島信平氏は彼を評して「陶淵明《とうえんめい》をバタいためにしたような味わいがある」と評していた。

『楚人冠全集』全十八巻（日本評論社）は、この傑出したジャーナリストであった人の業績の集成であるが、その中には小説もはいっているのが目につく。『最近新聞紙学』には「本所から」という一文が付けられているが、これは赤穂義士の討入りが、今起ったとすれば、どのように新聞社は動き、どのような報道がなされ、また政界などにどのような影響があったであろうかということのシミュレーションであって、新聞人にして作家でもあったこの人の面目躍如たる一文である。

2

英米において、新聞は先ず政治論の公表機関として出発した。最初何はともあれ天下国家を論ずるために出されたものらしい。このためイギリスでは徒弟までも新聞を見るという状態が早くから生じたが、これはアメリカでもそうだった。したがって議論が第一で、ニュースは第二である。

その極端な例として一七七六年七月四日にアメリカ独立宣言がなされた時、その宣言のなされた当のフィラデルフィアの町の新聞はそれを報道せず、十日たった十三日にはじめてのせている。ボストンでは更に十日おくれて、独立宣言が新聞に報道されたのは二十二日だという。『小公子』に出てくる新聞好きのおじさんも「議論」を読んでいたので、ニュースは二の次だったのであろう。

ところが議論はともかく、まずニュースだという主義を打ち出したのは、イギリスでは『ロンドン・タイムズ』であり、アメリカでは『ニューヨーク・ヘラルド』とのことである。日本でも初め頃は政治論が多く「天井種《てんじょうだね》」と言われていた。つまり記者が畳の上にひっくり返って天井をにらみながら書ける議論ばかりということである。これもやはりニュース主義にとってかわられた。新聞と言えばニュースという伝統はそのあたりからでてきている。

ところがニュース第一主義（News, not views）も行きつくところまで行くと一転した。つまり通信社などが発達してきて新聞記者がニュースばかり追うという賤役《ドラジャリー》から解放され、その分のエネルギーを知的なことに使えるようになり、記事の主力は、与実的《インフォーマティブ》になってきている。つまり確実なニュースにもとづいてそれにコメントするという形態である。その結果として次のようになってきたという。

「従来の新聞紙の論説といえば、どうしても一枚上の役者が己《おのれ》より一枚下の者に説いて聞かせる体裁であった。『何々すべし』『何々せざるべからず』というのが論説の主眼とするところであって、『全体お前達には分るまいが、おれはこう考えている』という口調であった。ところでこれがおいおいに改まって、次第に読者と共に事を議する風になり、即ち或る事実に対して、露骨に善悪得失を批評するよりも、その事実の由来するところを説明し解釈して、これに対する判断は読者に任せたものになってきた。」

このような新聞のあり方を、楚人冠は文明社会の新聞と考えているようである。つまりニュースが正確・網羅的であることはもう前提とされているのであって、天井種はおわっていなければならない。したがってコメントがなされ、議論が立てられたとしても、ニュースはそれに先行していることになっている。

この点において日本の大新聞社は世界一とも称せられている。二、三年ぐらい前の『タイム』に、何台もの自家用飛行機を使ってニュースを集めている日本の大新聞社のような新聞社はアメリカにもないと言って羨《うらや》ましげに書いていたと記憶する。私は日本の大新聞社の機動性やニュース蒐集の能力が、『タイム』も羨むほどであると知って愉快であった。『タイム』は「日本の新聞社では飛行機をニュースのために使うが、アメリカの新聞社が自家用機を使うのは重役のためだ」と言って、日本の新聞社のあり方を高く評価していたのである。

だからわれわれは日本の大新聞の報道力を信ずる。世界や国内の大事件がその網から洩《も》れていることはよもやあるまいと信ずる。したがって日本の大新聞が数紙も揃って報道しなければ、われわれ日本人はその事件は存在しないと思うし、また数紙が揃って報道すればその事件は存在すると思う。ところがこんな時に妙なことが起ったのだ。

英語教師の義務として私は毎週『タイム』や『ニューズウィーク』にざっと目を通す。内容についての興味もあるが、目新しい単語の採集というのが大きな目的である。しかし否応なしに記事そのものも読むし、読んだ内容も多少は頭に残る。陳腐な例になるが、林《りん》彪《ぴょう》事件なども日本の新聞に出るよほど前から知っていた。

さすがにこのような大問題はいつまでも放っておくわけにもいかないらしく、某大新聞は、その週刊誌に外国の週刊誌の林彪記事を訳して特集として出した。このようにして全日本人は、日本が世界に誇る大新聞によらずして、週刊誌や雑誌を通じて隣国の大事件を知ったのである。私の知人で、某大新聞びいきだった人も、さすがにこれにはガックリきて、「週刊誌、週刊誌と言って馬鹿にするけれども、今度のようなこともあるんですね」と嘆息していた。

週刊誌は楚人冠の頃の軟派新聞のようなもので、その世間の信用度においては大新聞とは比較にならない。しかし隣国の超重大政治事件という硬派記事において、大新聞が一言も報道しないうちに、週刊誌に扱われたのでは、大新聞はどうかしたのではないかと思われても仕方ないであろう。

新聞が読者に「どうかしたのではないか」と疑われる場合について、楚人冠は次のようにのべている。

「世の中には、新聞記者を買収せんとて、いろいろ苦労する人がある。又、買収し得ると思っている人がある……今日の新聞社の組織では、記者の買収などということができるものでないことになっている。たといできたとしても、なんらの役に立つものでないことになっている……彼〔その記者〕の上には経済部長がいる、その又上に主筆がいる。

件《くだん》の外勤員が、書くべき事件があるのを書かぬか、書かでものことを書いてきたとて、部長主筆はいずれその方面に目の黒い男であるから、必ず彼のやり口はどうも変だと勘づいてしまう。仮に件の部長も主筆も買収したとする。主筆の下に編集長がいる。皆それぞれにその道にかけては目が黒い……少し大きな新聞紙になると、編集長の名は一人でも、その仕事はとても一人で年がら年中勤まるものでないから、編集すべき材料の種類によっては、ある部長が引き受けていることもあれば、編集の日時によっては、何曜日の昼は誰、何曜の夜は誰と、それぞれ手代りの編集長代理ができている。その中の一人や二人を買収したとて、他の者が承知していなければ、買収の効力はこれに及ばぬ……もし更に一歩進めて、社主、社長、主筆、編集長、外勤員の全部を買収したとする。今度は世間が承知しなくなって……」（傍点筆者）

林彪事件が報道されないことについては、日本中がイライラした。つまり世間が承知しなくなった。それどころか、同じ会社の中でも週刊誌の者が承知しなくなった、というのが実情だったのではないか。つまり林彪問題に関しては、楚人冠の言う「社主、主筆、編集長、外勤員の全部」が買収されたかっこうになったわけである。

　もちろん日本中の大新聞が隣国に金で買収されたわけはないであろう。とすると別の原因がなければならない。楚人冠はそんなこともちゃんと見透しで、堅く戒めていたことがあった。それは「利害の打算」ということである。彼は言う。

「新聞記者が材料を集め、又は紙面を整うる時に、利害の打算をしたり、親疎の別を立つることは、最も戒むべき点である。故意に不実の事を捏造《ねつぞう》するのも罪悪であるが、公けにすべき事実を差し押えて公けにせぬのも罪悪たることは、相同じい。『いかなる大記者もニュースを差し押うることを得ず』（"No editor can suppress News"）という言葉がある。元来ニュースと言うものは新聞紙の材料とするに足るとみられた以上は、いやでも応でも、新聞紙に載せなければならないものである。大地震があって、幾百千人が死んだような大事件がニュースとして顕われた時は、いかに有力な記者があっても、これをさし押えて新聞紙に出さぬわけにいかない。ニュースというのはそんな性質のものである。採って材料とすべきか否かは、新聞紙の立場からみて、材料とするに足るや否やの点から決すべきものであって、これに対する自己の利害、又はその事件中の人物と自己との親疎の関係などによって、決すべきものではない。」（傍点筆者）

これを近頃の大新聞の人たちはどう思っておられるだろうか。私は国内に限って言えばこれは大体において守られていると信じたい。しかし、一たび国際問題になるや否や、今から五十年以上も前に、新聞記者の心得として楚人冠が力説していることが、まだ全然まもられていないと言わざるをえないのである。

北京に特派員を置けるか置けないかについての判断は、明らかに「利害の打算」である。共産主義政権に親しみを感じ、非共産主義政権に親しみを感じないのは、「親疎の別」を立てることである。利害の打算や、親疎の別の故に、大ニュースが殺されたり、どうでもよいようなことに大きなスペースをさかれるのではたまらない。

「真実を語るために始められた新聞が、今ではただ真実を語らせぬために存在している始末なのだ」と、チェスタトンは今から六十五年も前に言っているが、われわれから大ニュースをはばんだのは、実に大新聞の壁だったのである。

われわれは今日、沖縄のすぐ先にある台湾についてのニュースを大新聞から知ることができない。何という不便なことであろう。幸いに私は英語を知っているから、英米の記者の書いたものは読める。しかし私は日本の新聞でも読みたいのだ。そこには国連からは除名され、日本からは一方的に切り捨てられた政府がある。しかしここと国交を結んでいる国もあるし、わが国との関係も濃い。そこでは一千万もの人口が、有色人種の国では日本に次ぐぐらいの繁栄した経済を有し、治安もよいらしい。

私は別に台湾と国交を恢復《かいふく》せよとか、国として承認しろとか、政治的な主張をしているのではない。日本のすぐ先にあって、現実に国家として作用している国に関する記事がほとんどないというのが、楚人冠の言う、「公けにすべき事実を差し押えて公けにせぬ罪悪」

に当るのではないかと思うのだ。

これに対して、「いやあれは国でなく、大陸の一地方なのだから、記事にしないのだ」と言うかも知れない。それならば更に面白いではないか。島国に追いこまれた政権が水爆を持った大陸の勢力に飲みこまれることに抵抗している、などというのはロマンチックですらある。一般読者はそんな記事に人間としての興味を持つものなのだ。

蔣介石という名前は私は小学校の頃から知っている。その人が今どうやっているのか、どんなことを考えているのかは、主義に関係なく興味を引く。少なくとも北京から来たバドミントン選手の話などよりは面白そうである。そして私と同じような興味をもつ日本人は数え切れないほどいることも知っている。

一つの仮定を出す。プエルトリコはアメリカに編入されることになろうが、それに反対して、プエルトリコに共産政権が出来たとする。しかし国連にもはいれず、日本も承認しなかったとする。しかし、こんなことが起ればこれに関する記事は、連日わが国の大新聞を埋め尽すに違いないであろうということは容易に想像できる。なぜかと言えば、今の日本の大新聞は、共産主義に親しみを示していることは周知の事実であり、報道に主義による「親疎の別」があることは蔽《おお》いがたいことであるからだ。

楚人冠は「いかなる大記者もニュースを差し押うることを得ず」という英語をひいて、

大ニュースというものは、どうしても新聞にのせなければならないものだ、と力説する。大地震があって大ぜいの人が死んだら、このニュースは押えるわけにはいかないと言うが、大地震があって何千人死んでも報道しないですむ新聞もあったし、また現にあることを日本の大新聞はよく知っているはずである。

たとえばこの前の戦争中に名古屋の方面に大地震があって甚大な被害があったのだそうである。そのことを私は戦後になって知った。戦争中は報道されなかったからである。地震ですら報道がないのだから、敗け戦さについての報道もない。もしミッドウェーあたりからの戦闘状況がよく報道されておれば、原爆の落ちる前に降伏しても国民は納得したであろう。

もちろん報道できなかったのは新聞社の罪ではない。軍が報道管制をしいていたからである。そしてこのような報道管制が今なお存在している国があることは、新聞人は私よりもよりよく知っていることであろう。

たとえばソ連の報道管制の対象には大地震や飛行機事故まで含まれているし、紅衛兵たちはアメリカの月ロケットを知らず、韓国人は金大中事件についてほとんど知らされていないと言う。このような状況にある国民はまことに気の毒であるし、ひいてはその国の運命や世界の運命にとっても危険を含むものであるように思われる。

大新聞は戦争中のような状態に二度とおちいってはいけないし、そう願っているわけでもないと思う。大地震の被害状況も報道できない体制に対しても、特に敵意など示す必要など少しもないのだが、しかしそういう体制に対して特別に「親しみ」を示して、重要な報道をかくしてもらいたくないのだ。

しかし私はこの点に関して、大新聞がどれほど真剣に考えているかについて、かなりの疑問を持っている。

たとえば数年前まで、「創価学会についての批判は決して報道されない」ということに普通の日本人はみんな気がついていた。言論の自由に関するかなり露骨な干渉があるという噂が、私のように世事にうとい者の耳にも入ってきた。しかしこれは、一評論家の奮闘によって、ようやく明るみに出るまで、大新聞は決して取り上げなかったのである。これを大いに取り上げたのが『赤旗』であったのは面白い。最近は一部の部落解放運動についても似たようなことが起った。大新聞が当然義務として取り上げなければならぬ事件が、『赤旗』と週刊誌によってのみ取り上げられているのである。

おかしなことではないか、報道の自由の上にのみ成り立つはずの民間大新聞が、報道を管理する組織に対してだけは大甘の甘ちゃんであるのは。楚人冠の立てた基準からすれば、それは明白な堕落であり変態である。

3

「故意に不実の事を捏造《ねつぞう》」することが罪悪であり、言語道断な行為であることは言うまでもない。しかし故意でなく間違った報道をすることも多いであろう。それについて楚人冠はこう言っている。

「初めて新聞記者になった者は、とかく人の談に迷わされ易いもので、少しかわったことを聞けばすぐ珍しがって、これを事実のように早合点してしまう。それがだんだん記者生活を続けていくうちに、次第に、少々の事では珍しがらぬようになり、よほど突きとめた上でなければ、事実とはしなくなる。いかなる大事を聞き込んでも、場慣れた記者はまず初めは疑ってかかる。事件が面白いとなると嘘《うそ》でも嘘でないことにしてしまいたいのは普通の人情であるが、それをまず、そんな事はよもやあるまいと疑ってかかる。この疑ってかかることは、記者にとって極めて大切なことで、かく初めは疑念から出立すればこそ、何事にも無闇に珍しがって、噂を売り歩く者の乗ずるところともならず、冷静に前後の事情を考えて、その虚か実かを判断した上、疑わしい点を突きとめる気も起る。かくして集め上げられた材料は、ちゃんとまとまったものになって、これでまず間違いはないと、集めた人の信念が、これに伴っている。材料の蒐集《しゅうしゅう》はどうしても疑念から始って、信念で結ぶようでなければならぬ。」（傍点筆者）と。

ここで楚人冠が注意していることは最近ちょっとルーズになっているのではないかと思われるふしがないでもない。富山湾の魚の汚染、第三水俣病《みなまたびょう》、それにミンダナオ島の日本兵発見といった風に未確認のまま大ニュースとなったものが、ちょっと考えただけでもいくつか思い出される。ミンダナオ島の日本兵の場合、最初に特ダネを出した大新聞は、この報道が完全に誤報とわかってからも、「ナゾ残し幕切れ」と言った。

この終り方はまことに象徴的である。楚人冠は「疑念から始って、信念で結ぶ」ことを記者の心得とした。しかし楚人冠の後輩たちは、正にその逆をやっているのだ。すなわち「信念から始って疑念で結ぶ」ことをやっている。

楚人冠が記者の心得として立てている基準は、誰でも文句のつけようのない立派なものである。その立派な基準の逆のことが行なわれているとすれば、今の大新聞のやり方は立派でないのである。私の受ける印象では、編集の中心にある人たちが、記事を書いてくる記者を十分コントロールしてないように思われる。そういう現象が新聞社に起る場合についても、楚人冠はちゃんと指摘している。

「すべて主筆や編集長がその材料の取捨を決するに、材料の新聞価値によらずして『ちと怪《あや》し』き標準によっていることが外勤員などに勘づかれると…… よい新聞紙のできよう見込みはない。」と。

日本の大新聞の主筆や編集長が「ちと怪し」き標準によっていると私が言うのは、別に特定の個人や会社からワイロをもらっているという意味ではない。それは前にのべたような北京などに対する過度に卑屈な態度である。

楚人冠は「新聞記者は秘密の約束をしてはいけない」と言っているが、大新聞が北京と秘密の約束を持っていたことは今やほとんど公知のことになっている。この秘密協定があれば、編集は「ちと怪し」き標準になることは言うまでもなかろう。上の方の標準が「ちと怪し」き時は、下は当然たるんでくるのである。

ベテランの記者は面白い話でも疑ってかかるという。ところが人の話を信じ易い私でさえ「ハテな」と思うことを、プロの記者がちっとも疑念を起さないらしいのはまことにおかしい。

たとえば、毛沢東精神で作った稲だか麦は、あまりにも生育がよいので、その上を歩ける、というようなことが大新聞にのったことがあった。私の農事体験は戦争中の学徒動員ぐらいのものであるが、その体験からしても、マユツバだな、と思う。大新聞ならツテはいくらもあるはずだから、農業の専門家の何人かにその可能性を聞いてみればよいのだ。

稲の上を歩けるほどの稔《みの》り豊かな栽培法を開発した広大な国が、食糧の緊急輸入を資本主義国に仰がなければならないというのは、前の報道がウソだったということである。

こんな例を挙げて行けば全くきりがないが、「百人斬り」などもその例にはいる。あの記事を書いた記者もベテランのはずだったのだが、思考のプロセスが楚人冠の教えと逆になっているのだから仕方がない。

大新聞がしばしば北京の代弁機関の様相を呈しているのは、「密約」などのせいもあろうが、一つには新聞記者が「労働者」というものにいわれなき劣等感を抱いているからではないだろうか。楚人冠の周囲にもそういう人が多くいたと見え、わざわざ本論から脱線してまで、このことについて釘をさしている。

「元来『労働は神聖なり』とは、遊手無職にして門地や遺勲に衣食する底の徒に比して、働いて食う方が神聖であるという意味である。何も手足で労働する者が、頭脳を使う者よりも神聖なりという意ではない。これを曲解して、肉体の労働をするいわゆる労働者の労働が特に神聖なるもののように言いはやすのは、これによっていわゆる労働者の歓心を買わんとする一派の社会主義者の曲語《カント》である。」と。

人糞を用いる農業や、強制勤労奉仕を学生に強いる政府を大新聞がほめるのはおかしなものである。ごく若い人をのぞけば記者や編集者の方も、それがどういうものであったか、みんな体験しているはずで、義理にも讃美できるしろものではない。できることなら人糞より尿素などの方がよいし、勉強したい学生には本を読ませた方がよいのだ。北京政府だって本当は人糞なんか使いたいわけではないが、今のところ仕方がないのだろう。果せるかな、肥料工場設置の引き合いが来ているらしい。だから北京政府はおかしくないのだが、何でもほめようと無理をしているわが国の大新聞の方がおかしいのである。

大新聞のアラをさがすことはたやすい。しかし大新聞の力は圧倒的である。夏目漱石の頃は、大学をやめて新聞社に入ることはセンセイションであった。しかし今では大学は掃いてすてるほどあるが、大新聞の数はほぼ不動であるから、相対的に新聞社の権威が格段に上ってきている。それはすでに大正のはじめ頃ですらそうであった。楚人冠は言う。

「今日の新聞紙は一個の報道機関たるにとどまらず、学校にも勝る教育機関となり、議会にも劣らぬ立法機関となり、政を行うに資すること政府の如く、道を教え法を説くこと教会寺院に異ならず、弁護士のすることもすれば、医者のやることもやるようになったのである。かくまで影響の及ぶところ広くかつ大きくなってくると、新聞紙も自ら顧みて、うかとしたことはできぬということになる。しかり、全く以ってうかとしたことはできぬ。」と。

例えば、議会には速記録があるけれども、そんなものを一々読んでいるのは、おそらく前の日に演説した当人ぐらいのもので、国民の大多数は、全く毎日読む新聞紙によって議会を知って行くのである。であるから、「議会をえらくも、つまらなくもするのは一に新聞紙の力で、今日のように日本の議会が一種の軽侮を蒙ってみえるのは、気の毒ながら、新聞紙のお蔭だ。」と楚人冠は指摘する。これが大正のはじめ頃の発言だということを肝《きも》に銘じよう。そうすればわれわれは思わず襟を正さざるをえなくなるはずである。

軍部の擡頭《たいとう》は、明らかに議会を軽侮する気風が日本人全体に滲《し》み通った所で起ったのだから。政党腐敗、財界腐敗などということを宣伝しすぎたため、日本人は短絡的に「清潔な」軍人に期待をかけてしまったのである。そして「腐敗して」暗殺された政治家たちは、死んで見ると意外にも清潔であったし、「腐敗して」いた財閥も、戦前にやろうと思えば出来たはずのスイス銀行などへの財産疎開をやっていなかった。

政財界の腐敗のイメージも、清潔な軍人のイメージも、みんな新聞が作り上げたものであった。

こうした国民的イメージをバックにして、軍人や右翼を中心とする強硬外交を重ねた結果、日本は無謀な戦争に突入し、新聞自身も報道の自由を失ったのである。正に殷鑑《いんかん》遠からずである。「全く以ってうかとしたことはできぬ」のである。

以上、楚人冠が大正四年に書いた『最近新聞紙学』を目やすにしながら現在の大新聞の様子を見てみたのであるが、まとめて言えば次のようになると思う。

(1)国内的には新聞社の機構や社会的権威の面で著しい向上が見られる。もはやゴロツキ記者とか、贈賄された記者などは考えにくくなっている。この意味で、楚人冠の希望はほぼ達成されたと言えよう。

(2)ところがいったん国際的なことになると、特定主義国と秘密協定を結んだり、記事編集に利害の考慮が入りすぎたり親疎の差別を露骨に出したりして、楚人冠の立てたスタンダードは全く踏みにじられている。つまり国際的に見ると明治の軟派新聞か御用新聞の程度まで根性がいやしくなってしまっている。そのため楚人冠の立てたのと同じ水準を維持し続けている欧米のクォリティ・ペーパーから憫笑《びんしょう》されるような低い水準にある。

(3)これが社内のモラルに関係しているのか、最近は信念ではじまって疑念で終るような記事が増えてきているような印象を受ける。

半世紀以上も前に書かれた杉村楚人冠の本の再刊版を見て、大新聞の現状を考えて見たのであるが、「葦《よし》の髄から天井のぞく」式の思い違いや誤解もあるかと思う。叱正《しっせい》をまつ次第である。

国体が変わっても不動だった「天皇」の本質

1

西暦七一六年、日本で言えば元正《げんしょう》天皇の霊亀《れいき》二年に、後にドイツ保護の聖人と崇敬されるようになった聖ボニファチウス、当時はまだウィンフリートと呼ばれていた三十六歳のイギリス人修道士が、フリジア人（今のオランダあたりに住んでいたゲルマン人）を改宗させるつもりで、二人のお伴《とも》を連れてドーバー海峡を渡って行った。当時北ドイツ一帯はまだ異教の地であったのであるが、フリジア人の酋長ラードボードは既に改宗して洗礼を受けることに同意していたのである。

ところが実際会って話してみたところ、この異教徒の酋長は、改宗の約束を引っこめてしまった。その理由は古代ゲルマン人の宗教とキリスト教との対立点をもっとも簡明に、またシャープに示している。この酋長は言った。

「そうすると洗礼を受けずに死んだわしらの先祖には救いがないと言うわけじゃな。そして永遠の地獄に堕ちたままでいるというわけなのじゃな。そんならわしはキリスト教とやらはご免じゃ。わしはあんたがたのような一握りの乞食みたいな連中と一緒に天国に行くよりは、先祖と共にいたいのじゃ。そこがたとえあんたの言うような地獄であったとしてもじゃな」と。

ラードボードは自分の洗礼を取りやめただけではない。今度は積極的にキリスト教の迫害を始めたのである。そしてそれまで既に彼の領内にあったキリスト教の教会を破壊させて古来の神社を建てさせた。その後再びフリジア人を改宗させようと乗り込んで行った聖ボニファチウスは結局その地で殉教することになるが、それはこのことがあってから約四十年後の話である。

「宣教師と共に天国に行くよりは、先祖たちと共に地獄にとどまっていた方がよい」と言って異教を頑固に守ろうとしたラードボードの話は、文明の光に背を向けた野蛮人の酋長の一例として、つまりよくある話として聞き流されそうである。事実、相当に精《くわ》しい現代の標準的教会史を見ても、このゲルマン人の酋長の主張はあげられておらず、ただ聖ボニファチウスの殉教という見地からのみ扱われているのが通例である。しかしここでラードボードが言っている先祖の霊の意味を考えて見ると、それは他人事《ひとごと》でないように思われてきてならないのだ。

われわれが西洋と日本の宗教を比較する時、あるいは西洋人と日本人の死生観を比較する時、普通はキリスト教化されてからの西洋を考え易いが、「西洋人」の中核をなすゲルマン人が改宗したのは、それほど古いことではない。イギリスにローマから正式な宣教団が送られたのは五九七年、つまり推古《すいこ》天皇の五年であって、欽明《きんめい》天皇の御代に百済《くだら》から仏像と経論が送られた時よりも約半世紀も遅いのである。そして今のドイツの中心部の布教は主としてイギリスの修道院で育った宣教師によって行なわれたので、それより更に約百五十年遅れた八世紀の半ば頃に成しとげられたのであった。

この改宗以前のゲルマン人の宗教心がわからないと、例の酋長の主張の意味もわからないし、またいわゆる「高等宗教」に民族ごと改宗することの意味もわからないであろう。そして日本という特殊な国の出来工合もよくわからないのではないかと思われる。古代ゲルマン人の宗教は古代日本人の宗教と驚くほど似ていた。むしろ同質であったと言える。

彼らは先ず死者の霊魂の不滅を信じていた。ドイツ語で霊魂のことをSeele《ゼーレ》と言うが、これはSee《ゼー》（海《うみ》、湖《うみ》）に -lo（属するもの）が付いた形である。英語のsoul（霊魂）も古英語形sawolから来ており、ドイツ語と同じく、saiwalōという単語、つまり「海から来たもの」

とか「海に属するもの」という意味であった。つまり古代ゲルマン人にとって、特定の海、あるいは湖が、人間が生まれる前の、あるいは死んでからの霊魂の滞在地と考えられていたのであった。死ねば自分の霊魂はある特定の「うみ」に帰り、また子孫に出てくるという考え方である。従って古代のゲルマン人は氏族を大切にし、自分の子孫の絶えることを極度に怖れた。というのは子孫が絶えれば自分がもうこの世にもどってこられなくなるからである。このような語源解釈に対しては、「どこまで本当かな」と疑念を持たれる方もあろうが、これは一九四〇年にヴァイスヴァイラーによって研究発表されてから、学者の間の支持をえて定説となり、今では辞書にも採録されている見解である。

この見方に立てば、例のフリジア人の酋長ラードボードが、なぜキリスト教の天国より、先祖と共にあることを望んだかが、多少なりとも実感できると思う。いな、多少なりとも解ったような気になれる近代国家の国民は日本人ぐらいであると言えるかも知れない。日本には高天原《たかまがはら》という思想があった。そこには先祖の神々が、つまり霊が集《つど》っていて、この世に生きている人を見ている感じである。このような感じ方が現代までまがりなりにも連なっている例としては「草葉の陰《かげ》から見てるからね」と言って死んでゆく老婆や、靖国神社に参拝する遺族たちがある。少しの学校教育も受けず、全く本も読めず伝承のみに生きてきた日本人を見つけることは今ではかなり難しいと思うが、私が一緒に育った祖母はそういう人であった。私の祖母は若い時に目を悪くしたこともあって字は読めなかった。ラジオが家庭に入って来た時はもう還暦を越えていたと思う。

それでこの祖母が孫に話して聞かせてくれたことは、祖母が子供の時に自分の親から口伝で聞いたことばかりであって、文明開化前の東北の山国の純粋とも言える伝承ばかりであった。そうして聞いた話のうちでかなりの比重を占めているのは死後の世界のことである。自ら食を断ってミイラになろうとした坊さんに手を貸してミイラにしてやったのはみな祖母が直接間接知っている人たちだったので、どうして人は生きながらにミイラになるものであるかについてもかなり身近な話として聞いたものである。

そういう世界に支配的なことは、死者の霊の不滅ということであり、また死後の世界は何となくこの世の延長みたいなものであって、死んでから生前の知人にまた会えるという感じ方であった。そして死者の国から生者の住むこの世を眺めることができるという信念であった。祖母が何かにつけて言ったことは、「私が死んでも、お前たちのことは草葉の陰からよく見守ってやるからね」ということだったのである。

私の祖母は、形式教育、つまり学校体験がゼロだったわけであるが、明治の頃に女子としてはかなり高い教育を受けて、学校教師をしていた老婦人で、しかも私の祖母と全く同じような信念を持っている人が私の親しい人に今もいる。この方は若い頃に夫を亡くされて、子供を女手一つで立派に育て上げて、今では周囲の人にすすめられて、キリスト教の話を神父さんに聞いている。元来、頭のよい方なので教義はわかるし、聖書も読むし、神父さんを尊敬もする。しかし改宗する気は全然ない。その理由はこうである。「私がキリスト教になって死んだら、あの人に会えなくなります。夫は死ぬ時に、先に行って待っているよ、と言ったのに、私だけがキリスト教の天国に行ってしまったのでは申し訳ありませんから」というのだ。これはラードボードが、聖ボニファチウスのすすめを拒否した理由とまったく同じではないか。

ここに私は二人の老婆の話をあげたが、それは文字通りOld Wives' Tale（老婆たちの間に行なわれるような迷信とか、たわいのない話）ではないか、などと一笑に付されてしまいそうな気もするので、もう少ししっかりした情報源からの話を一つ紹介しておきたい。そのお話をなさった方は東大教授をなさっておられた故成瀬正勝先生であり、それを私は三年前の夏に直接聞いたのである。そのお話の席には現東大総長林健太郎先生をはじめ、十人以上の学者が居合わせていて、しかも速記録がプリントされているから出所はしっかりしている。要点をのべてみよう。

成瀬先生は戦時中、産業傷痍《しょうい》者の再教育をやっておられたが、その勤め先の事務員の話を聞いて、青山の巫女《みこ》に会いにいらっしゃった。ところが実際、別に聞きたいこともないので弱ってしまって、結局、「勤め先の上の人と意見が合わないのですがやめた方がよいでしょうか」と質問なされた。するとその巫女は、神棚に向って祈ってから、「あなたの今の職場は、あなたの進退に関係なく、じきになくなってしまいます」と言う。これは予言としては的中したことがあとでわかった。

しかしここまでならテレパシーということで、西洋にもあることだし、たいして珍しいことでもないと言う心理学者もいるだろう。しかしそれから続く話は、一寸、日本以外では考えられぬことである。

その巫女はしばらく坐《すわ》ってから指折り数えて、「あなたの身内で七年前におなくなりになった方がございませんか」と言う。一寸思い当らなかったので、手帳を出してしらべて見ると七年前に叔父さんがなくなっていることを憶い出された。それからその叔父さんの霊がのり移ったらしく地獄から響くような声を出す巫女との話のやり取りがあるのである。その巫女がそういう状態から普通にもどって、更にこう成瀬先生に尋ねたと言うことである。

「あなたの叔父様は、大変あなたに会いたがり心配しておなくなりになりました。それからもう一つ、私にわからないことがございます。叔父様は、元来、仏様がたくさんいる中にたった一人、神様でもって祀《まつ》られている。そのために周囲の人から非常にいじめられておいでになります。これはどういうことでございますか」

その巫女はもちろん成頗先生とは一面識もなく、先生の家のことは何も知らないのである。しかし成瀬先生から見ると、これはまことに思い当ることがあったのである。先生の叔父さんは東照宮の神主としてなくなられたため、成瀬何々命《のみこと》という名前で、衣冠束帯を着けて、笏《しゃく》を持って葬られたのである。成頗先生の家は元来禅宗で、神式で葬られたのは、その叔父さんが初めてだとのことである。それにこの叔父さんの霊の話をする時、この巫女はしょっちゅう自分の右頬をつねったのだそうである。成瀬先生はその意味がわからなかったので、後で原宿から奥様に電話をおかけになって、「ちょっと変なことを聞くけれども、叔父さんの死ぬ前の癖はどうだったろう」とおたずねになった。するとそういうことがあったことについては何も知らない成瀬夫人は、「御存知ないの、右のほっぺたをおつねりになる癖があったようです」とお答えになったというのである。

この話の信憑性《しんぴょうせい》について疑念がないとすると、われわれの先祖の霊魂は不滅である上に、生きている時の意識を持ち、しかも他の死者の霊とも交際があるらしい。神式で葬られた霊は仏式で葬られた他の霊の中で孤立して弱っているらしい。どうも妙な話であるが、成瀬先生のお話を聞くと「改宗」の意味の重大さがわかるような気がする。デカルトの哲学が好きだった人がベーコンの哲学に変ってもどうということはない。ニュートン力学から相対性原理に変っても魂には関係しない。しかし自分の宗教を変えることが、死後において肉親の霊から仲間はずれにされることを意味するならばそれは大変なことになる。

　実は私の母もそれについて心からなる怖れを持った人であった。母は先祖の霊が存在し、絶えず自分を見守っていることを生き生きと実感した人である。そして自分の愛する息子がキリスト教になることを心配した。自分は先祖のもとに帰りたいが、息子が別の宗教になってしまったら、自分と再び一緒になれないのではないか、という例のラードボードの考え方と同じ考え方をしていたものである。私は長男であり、しかもあとは女のきょうだいだけであるから、私が西洋の宗教に入信すれば、先祖の祀《まつ》りは絶えることになると母は思ったのである。近頃は子供がキリスト教に入ろうと、何か別の宗教に凝ろうと、そういう心配をする親が稀になったように思うが、これは古来の霊魂観を持った人が少なくなってきているからであろう。

2

　さて欽明天皇の十三年――西暦で言えば五五二年、東ゴート族がしきりにローマに侵入していた頃――百済《くだら》が仏像と経典を日本に送ってよこした。百済はこの頃仏教が盛んで、その数年前にも丈六の大仏を作ったりしていたのであるが、日本からの軍事援助を受ける代わりに、「高等宗教」を送ってよこしたのであった。

その時、欽明天皇はまだ若くていらっしゃったのであるが、大臣たちを前にして、「わたしも此の柔和な顔つきをしている仏像をおがんでみようと思うが、お前たちはどう思うか」とお尋ねになったのである。

すると朝鮮半島との関係も深く、また半島や大陸の文明国では仏教が盛んでありそれが高い文化と結びついていることを知っていた開明派の蘇我稲目《そがのいなめ》は喜んで賛成した。「西の文化の高い国々では、どこでも仏像をおがんでおります。この日本という島国だけが、国際的なやり方にそむくことはできない相談です。仏像をおがまれるのは大変結構なことと存じます」と答えたのである。

これに対して物部守屋《もののべのもりや》、中臣勝海《なかとみのかつみ》という二人の大臣が断乎として反対した。そして「わが国をしろしめし給う君主は、天地国家の百八十《ももやそ》の神々を、春夏秋冬一年中、絶えずお祀りなさるのがお役目でございます。今になって古来の祭りを廃止して、外国の神様をおがむようなことをなさったならは、おそらく、日本中の神々がお怒りになることでございましょう」と申し上げたのである。

中臣家の先祖は天児屋命《あめのこやねのみこと》であり、この神は天照大神《あまてらすおおみかみ》が岩戸に入られたときに祝詞《のりと》を読んだと伝えられている。物部氏も饒速日命《にぎはやひのみこと》以来の名家である。そして天孫降臨の時も、神武《じんむ》天皇御東征の時にも、常に抜群の功績があったと伝えられる家系である。

今の人はこれらの系図上の話を伝説とか神話とか言うけれども、六世紀の日本人にとって、それは疑う余地なき現実と考えられ、その霊の存在を、われわれが重力の存在を感ずるほどにはっきり感じていたのである。その人たちにとって、先祖の祀《まつ》りを絶やすことは、地獄に行くよりも恐ろしく、またいまわしいことだったのであろう。ここでもわれわれは、ゲルマン人の例の酋長の主張と同じ主張を見るのである。

これに反し、蘇我氏は名門とはいえ、系図は孝元《こうげん》天皇にまでさかのぼるだけであって、神代に至らない。そしてより近い先祖には武内宿禰《たけしうちのすくね》という朝鮮半島と関係の深い人もいるし、稲目の祖父は韓子宿禰《からこのすくね》、父は高麗《こま》などという名前であったところを見ると、朝鮮とは何か特別な関係があったとも考えられる。稲目自身は敬神家であったらしいけれども、中臣氏や物部氏とは少し肌合いが違っていたのであろう。

この両者の議論を聞いておられた欽明天皇は、「なるほど日本中の神々が怒られるようなことになっては一大事である」とおっしゃって、仏像礼拝のことはお取り止めになり、その仏像を稲目に与えて、自由に流布せしめられたのであった。

これは一種の「国体《こくたい》」論争であったと見られよう。物部・中臣派の意見では、天皇は日本の神を一年中祭る最高司祭なのであって、ここに別の宗教をまぜることは国体の断絶であると考えたのである。これに反して蘇我氏は、より啓蒙《けいもう》的な立場から、天皇の機能を政治的側面から主として解釈して新しい宗教を入れてもかまわない、むしろその方が国際政治がうまく行く、と判断したらしいのである。

しかし仏教は間もなく皇室に入ってきた。しかもそれは後宮から入ってきた。稲目の娘の堅塩媛《きたしひめ》は欽明天皇の妃となり、七男六女をお産みになったが、その第一皇子が後に即位されて、用明《ようめい》天皇となられた。聖ヘレナとコンスタンチヌス大帝の場合にも見られるようにどこでも母の宗教的影響は子供に対して大きいものである。用明天皇は仏教を信じるようになられたのである。その仏教は稲目の娘であって熱心な仏教徒である母后から受け継がれたものであった。

肝腎《かんじん》の天皇がさっさと改宗されたのであるから国粋派の気勢は上らない。中臣勝海も物部守屋も蘇我氏に滅ぼされてしまった。

かくして日本の「国体」は変わったのである。何と言っても仏教を信ずる天皇は、それまでの神様だけをあがめた天皇とは同じでない。それで私は用明天皇の仏教改宗を、第一次国体変化と呼ぶことにする。「国体」という単語には不快な連想をもつ人も少なくないと思うが、他に適当な言葉も思い当らないので、「国がら」とか、「政体」とかいう観念を合せたようなものとして使わせていただきたい。

先祖崇拝を中心とする土着の宗教に、外国から、いわゆる「高等」宗教が入ってきたというのは、何も日本だけに起ったことではなかった。それはキリスト教の入ったゲルマン民族の地域では、どこでも起ったことである。

アルフレッド大王（八九九年没）と言えば、異教徒のバイキングの侵入から、イギリスを護《まも》り、またキリスト教を護り通した英雄的な王であるが、この王家の系図を見ると、バルデイとかウォーデンとかイエトとかいう名前が先祖としてあげてある。この系図はイギリスがキリスト教に改宗してから三百年ほど経ってから作られたものであるから、今あげた名前は人名として扱われているが、元来は神名である。

バルデイはゲルマン神話の主神と母なる大地の神の間に生まれた子である。それは明けの明星としてもあがめられたし、また馬の形をしたものとしてもあがめられた。そしてアルフレッドの系図の中で、バルデイの父がウォーデンとなっているのは、まさしく神の系図を人間の系図として使っているからである。

最初イギリスに来たゲルマン人の酋長をヘンギストとかホルサと言うのは、いずれも「馬」の意味であるところから見て、それが氏神を示していたことに間違いない。つまり、神の系図がそのまま国王の系図につながっているという意味で、日本の天皇の系図と同じパタンなのである。そして古代ゲルマン人の一族の長、つまりキングは、古代の日本の天皇と同じようなものであった。そして日本人もゲルマン人も六世紀頃に外国から来た高等宗教に曝《さら》され、改宗したというところまでは、どちらも同じコースをたどったのである。

では両者の差はどこから生じてきたのであろうか。

先ず新しく入って来た高等宗教に差があった。向うにはキリスト教が入って来て、わが国には仏教が入って来たのである。しかしもっと大きな差は、それを受け容れる側の態度であった。ゲルマン人の方では、先にあげたラードボードのようにキリスト教を拒絶しそれを迫害した酋長やら、キリスト教に改宗した酋長やらさまざまであったが、結局はすっかりキリスト教になったのである。土俗の習慣としては異教的風習もだいぶ残ったが、たて前としては先祖伝来の宗教を捨て、新しい宗教になった。日本風の言い方をすれば、先祖の祀《まつ》りを絶やしたのである。改宗とは元来そうしたものなのだろう。

ところが日本の方はその改宗がゲルマン人の場合のようにすっきりしない。『日本書紀』には用明天皇について、「天皇ハ仏法ヲ信ジ、神道ヲ尊ブ」と書いてある。この場合の「神道」という意味は必ずしも明らかでなく、今日の神道と同じかどうかはわからないのであるが、しかしともかく当時の「神」という字の用い方とか、「仏法」と並記してあることなどからみて、古来の先祖崇拝と考えてよいのではないかと思う。簡単に言ってしまえば、「天皇ハ仏法ヲ信ジ、神道ヲ尊ブ」ということは、「用明天皇は仏教を信じたけれども、先祖の祀《まつ》りも絶やさなかった」ということになろう。確かに用明天皇は外来宗教に改宗され、国体を変えられた方であるけれども、伊勢神宮をなくしてしまうとか、その祀りを絶やすということはなされなかった。

これは今の宗教観などから言えば不徹底な改宗であって、中途半端とか、いい加減とかいうような批判が出るかも知れないが、このいい加減なところ、よく言えば「甲を捨て去ることなく乙も取る」というところが、日本人とゲルマン人の差を作ったということになるかも知れない。それは年功序列を廃止することなく技術革新と経営合理化をやってのけた戦後の日本社会の考え方と一脈通じていると言ってよいであろう。欧米人、つまりゲルマン人的な考え方からすれば、二律背反的に見えるものが、日本というところでは何となく両立してしまうのである。

その原型が用明天皇の改宗に見られるわけなのである。先に国体の変化と言ったけれども、これは文字通り変化であって断絶ではない。むしろ古い国体の観念を拡大したものであった、とさえ言える。

天皇の改宗が国体の断絶にならないことがわかれば、国粋派の考え方も変ってこようというものである。仏教導入に反対した物部守屋や中臣勝海が滅ぼされてから五十八年後の大化《たいか》元年（六四五年）に、中大兄皇子《なかのおおえのおうじ》と中臣鎌足《なかとみのかまたり》が中心として起したクーデターによって、蘇我入鹿、蝦夷《えみし》の二人は滅ぼされることになったが、しかし蘇我氏の導入した仏教に対する迫害はなかった。それどころかこの中大兄皇子と鎌足を中心とする大化改新のブレーンだった高向玄理《たかむくのくろまろ》、南淵請安《みなぶちのしょうあん》、僧旻《みん》といったような人たちは、かの仏教尊崇家であられた聖徳太子によって隋に送られた留学生たちだったのである。大化改新は、政治上の大変革ではあったが、決して廃仏毀釈《はいぶつきしゃく》にはならなかった。仏教が国体に危険でないことはすでに国粋派の子孫たちにも明らかであったのである。

二つの宗教を共存させ、両方をおがむという、他の国民から軽蔑されそうなことをもっとドラマティックになさって見せたのは天武天皇である。昨年（昭和四十八年）は式年遷宮で伊勢神宮がだいぶ話題になったが、この制度をおきめになったのがこの天皇である。これはそれ自体として面白いことなのであるが、それよりもっと面白いのはこの式年遷宮が制定されたと正に同じ年に、同じ天皇が、諸国の家ごとに仏壇を作ることを命じられたのである。土着宗教の総本家、カミのカミなる伊勢神宮の祀りの形態を、その後千二百数十年経た今日にまで残るような形に定められた天皇が、同時に外来の宗教の全国布教運動を強力にすすめられたというのは、外国人の論理からすれば全くキテレツなのである。

このようなことから外人の中には、「日本人には真の宗教心がないのではないか」とか、

「日本人は不可解である」という人が出てくるわけであるが、もっと率直な外人なら、「日本人は矛盾律さえ理解できず、むやみに外国の真似がうまいだけの民族だ」と言うかも知れない。たしかレヴィ＝ストロースはその『原始神話学』の中で野蛮人は矛盾に鈍感であることを指摘しているが、この点からすれば、日本人は無知蒙昧なアンダマン諸島の土人なみということになるかも知れないのだ。

東大寺を建立なさったかの偉大なる聖武《しょうむ》天皇ですらも、東大寺を建てるについての神意を伺うために、伊勢神宮に勅使を出されたというから何をか言わんやである。これとくらべれば、超現代的なオートメーション工場を作る時に地鎮祭をやるぐらいはどうということはない。キリスト教の教会を作る時に地鎮祭をやったっておかしくないくらいの国柄なのである。

3

用明天皇の改宗を国体の変化の第一号とすれば、第二号はどうしても源頼朝《みなもとのよりとも》の幕府創立ということになろう。用明天皇の場合はそれによって天皇家が古代シャーマン的限界を乗り越えたという意味で、その宗教的意味が主であったが、鎌倉幕府の場合は、その政治体制の変化の意味が主である。

頼朝は征夷大将軍になったが、これは元来は東北方面派遣軍司令官と言ったところであって、中央においてはそれほどの地位でもない。また右大将にもなったが、これは公文式によって公文を出すためには大臣大将以上でないとできないのでなっただけであって、頼朝にとっては大した意味はないのである。とにかく彼は完全に武力を以て東北地方から西南群島まで支配したのであって、頼朝以前には、これほど確実に、しかも広く日本を支配した人は一人もいないのだ。

しかしこの頼朝は自分が天皇になる気はさらさらないのである。ほかのどこの国でも、頼朝のような立場になった人が現われたら、その人が帝王になるであろう。西洋の歴史でも、シナの歴史でも常にそうである。しかし頼朝は「古いものを廃することなく、新しいものも入れる」という、あの用明天皇以来の日本人の宗教的態度を今度は政治体制に入れたのである。

彼は全く新しい軍事政権を作り、新しい政治制度を確立したが、古い政治体制を廃止しなかった。彼の作った鎌倉幕府はそれよりも約五百年も昔に出た大宝律令《たいほうりつりょう》にもとづく律令制度を変えようとしない。守護地頭《しゅごじとう》といった制度を作ったといっても、それより前のものを廃止したわけではないのだ。頼朝以来、明治維新まで約七百年間武家政治が続くのであるが、古代の律令は明治十八年に廃止されるまで約千二百年間存続したのである。

これは民族の思考の甚本的パタンというものであろう。この異常さ、あるいは特殊さというものは、よその国の例を取って仮定的に考えて見るともっともよくわかる。たとえばシナ大陸を、毛沢東《もうたくとう》のように確実に、しかも広く把握したシナの帝王はいない。そして地理的舞台の大小を別とすればその支配の原理が武力である点でも、かつての功臣の多くを粛清した点でも、毛沢東と頼朝は類似している。

この毛沢東が、清朝の皇帝もその宮廷もそのまま残し、清の法律もそのまま廃止しないでおいて、しかも現在のような政治をやるということが考えられるであろうか。そういう情景は全く想像できない。ところが、本質的には全く同じことを頼朝はやったのである。したがって、頼朝のやったことは、日本人以外の見地に立てば、全く想像もできない変なことなのである。別の言い方をすれば、それだけ日本人は変な国民なのである。

頼朝のやったことがわからないのは外人だけでもなかった。当の日本人の中にも解らない人間が出てきたのである。たとえば水戸の『大日本史』は頼朝が平家を滅ぼした後に、政権を天皇に返さなかったことを批判しているのである。これは水戸の学者たちが朱舜水《しゆしゆんすい》などのシナの学者の名分論《めいぶんろん》によって日本史を考えているからである。

シナ式の名分論では、頼朝は政権を朝廷にすっかり返すか、あるいは頼朝自身が天命を得て自ら皇帝になるべきなのであろう。しかし頼朝はシナの名分論などは知らないから、純粋に日本式に考えているのである。つまり神社も仏寺も、その両方を心からおがめる日本人なのである。

では政権のなくなった天皇、つまり新しい国体の中での天皇はどうだったか。

兵馬の権は奪われたとは言え、天皇は廃止されず、依然として律令制度によって官位を出すことができたのであるから、これも国体の断絶とは言えず、変化である。そして武力はないのに、最高権力者をひざまずかせうるという点で、日本の天皇はローマ法王と似た性質を獲得したことになった。西ローマ帝国滅亡後の西欧に統一をもたらしたゲルマン人の大酋長シャーレマニュー（シャルルマーニュ＝カール大帝）も、その王冠はローマ法王から受けたのである。

これによって日本の天皇は、いかなる内乱があっても滅びる怖れのないものになったと言えよう。内乱というのは武力を持った武士同士の争いであるが、天皇は常に安全圏に立ちえたのである。戦国時代に、皇室の式微《しきび》が甚だしかったとは言いながら、断絶の怖れはなく、かえって武家や一般人の精神的憧憬の的となっていたらしい。

4

第三回目の国体の変化は頼朝の死後、たった二十五年後に起る。「承久の変《じょうきゅう》」がそれである。承久の変の重要さを本当に認識したのはおそらくイザヤ・ベンダサン氏が最初であろう。彼はこの事変を境として日本史を前期天皇制と後期天皇制にわけているが、それは氏が外人の目で見たからであって、日本史を考える上での重要な貢献であると思う。しかし私は天皇の宗教的機能を考えるので、仏教導入の方がもっと大事件だと思っている。しかし承久の変に特別な重要性を認める点で、ベンダサン氏に賛成である。

では承久の変はなぜそんなに重大なのか。私の流儀で簡単に言えば、承久の変によって「主権在民」の原理が、天皇と共存するようになったということである。

事の起りは、多能であられた後鳥羽《ごとば》上皇が、鎌倉幕府から武力で実権を取り上げようとなされたからである。ローマ法王が武力でナポレオンに勝てるわけはないように、上皇の軍勢は大敗し、それに関連した後鳥羽、土御門《つちみかど》、順徳《じゅんとく》の三上皇は島流しにされてしまった。

さて問題はどなたを次の天皇にするか、である。

この時、幕府の実権者であったのは北条泰時であるが、彼は三上皇を島流しにした上に、皇位についておられた仲恭《ちゅうきょう》天皇を廃し、承久の変には何の関係もなかった後堀河《ごほりかわ》天皇を立て、次いでその皇子を四条《しじょう》天皇として立てた。ところが四条天皇は幼少でなくなられたので皇子がない。そこで泰時はどうしようかと思ったあげく御籤《おみくじ》を引いたのである。

それによると土御門上皇の皇子を立てるがよいとあった。泰時も元来その意見であったのでこの方に定めて、秋田義景を京都にやって、土御門上皇の皇子即位のことを行なわしめることにした。しかし皇室の方では、順徳天皇の皇子を立てる意向であったのである。このような情況であったので、一旦、鎌倉を出た義景は途中から引き返してきて「もし私が京都につく前に、順徳天皇の皇子がすでに皇位に即いておられたらどうしましょうか」と泰時に聞いたのである。これに対する泰時の答が面白い。

「もし順徳院の皇子がすでに即位しておられたら、その方を廃してもよい。順徳天皇は積極的に承久の変に関係なさった方であるから、その皇子を立てるのは不適当である。土御門上皇は、この変にはあまり関係されなかったのであるからその皇子を立てるのが、北条氏のためのみならず、天下の平穏のためにも適当である」

と言ったのであった。こうして後嵯峨《ごさが》天皇の即位が実現したのであるが、承久の変の後の北条氏のやり方を見ると、天皇を自由に廃立しているのであり、しかも何の造作もなくやっているのだ。あたかも今の日本の首相が伴食大臣のクビをすげかえるような手軽さで。

北条氏は元来地方の武士である。そして泰時は人間としては誠に立派な人物で、当時の人々の間での信望がきわめて厚かった人である。つまり彼の権力の出所は、上からではなくて、下から来ているのである。下から来ている権力によって天皇の廃立を自由にやるということは、今の言葉で言えば主権在民にほかならぬであろう。先年、日本共産党がプロレタリア独裁という言葉をやめて、プロレタリア執権という言葉を使い始めた時、私は執権泰時を思い出した。天皇を自由に廃することは、おそらく共産党員の持つ夢に違いないのだから。

しかし泰時は、単なる主権在民の政体を欲したのではない。彼は天皇を持つ主権在民の政体を欲したのであって、天皇をすっかりなくしようなどとは夢にも考えていないのである。それどころか彼は貞永式目《じょうえいしきもく》という武家法を作ったわけであるが、古代の律令はそのままにしてあるのだ。むしろ彼は謙遜して、「古来の律令は漢文みたいなもの、自分の定めた式目は漢字を読めない人のための仮名みたいなもの」と言っているのである。そして皇室自体に対する敬意は失っていないのであるから、まことに奇妙な話だ。式目の中でも神仏を尊崇し、神社仏閣をよく修理するように命じているが、日本で神様とか仏様とかいうのは、皇室の先祖の霊と、それに仕える者たちの霊のことにほかならないのである。

5

第四回目の国体の変化は言うまでもなく明治維新と明治憲法である。前にのべたように明治十八年に約千二百年ぶりで古代の律令が廃止されたわけだが、成文典がすっかり変ったのだから、これは国体の変化そのものずばりである。これによって天皇は用明天皇以前の土着宗教にもどられ、その上でプロシャ憲法に似た憲法の規定による立憲君主になられたわけである。廃仏毀釈《はいぶつきしやく》もあったし、主権在民は実質上はともかく、制度の上ではタブー同様になった。

こう考えると、明治維新は復古運動であったが、単に武家政治が始まる前の政体にもどるというだけの復古運動でなく、用明天皇以前の姿にもどすという、とてつもなく古い時代への復古運動であったことになる。憲法という言葉は聖徳太子の憲法《いつくしきのり》からとったものらしいが、明治政府の理念としては聖徳太子以前の日本にもどることであった。十九世紀という弱肉強食の帝国主義時代に、数千万の人口を抱え、既に相当発達した文明を持つ国を六世紀の状態にもどすことができるわけはない。したがって理念ばかりは六世紀で、現実としては十九世紀立憲君主制ということになる。

ここで日本人は、これが四回目の国体の変化であると認識すべきであった。しかし実際には「日本の国体は金甌無欠《きんおうむけつ》である」という主張が国是となったのである。それは全くの事実誤認であったことはすでにのべたところから明らかであろう。つまり、天皇が断絶しなかったことを国体が変化しなかったことと誤解してしまったのである。

明治維新が、そして日露戦争が世界史の転換の契機となったことは多分、誰でも認めることであろうが、その非白人世界のチャンピオンとして輝かしく登場した日本が、その後、白人からも有色人種からも、共に憎まれる存在に変ったのは、事実誤認のトガメが大きくなったからである。

日本を戦争に駆り立てて行った青年将校や右翼は結局、六世紀の、物部・中臣の発想の枠を越えていなかった。六世紀の国体観念で二十世紀の戦争をはじめてしまったのである。

昭和の悲劇はともかくとして、明治における国体の変化自体を過小評価してはならないであろう。明治天皇は日本の近代化を促進するために、宮中の祭儀の時以外は、常に洋服を召されていたという。天皇は決して排外的ではなく、西洋風の法律制度の導入に熱心でおられた。この六世紀への復古と、ラジカルな近代化という矛盾した努力が、矛盾と感じられずに共存した故に、明治は聖代だったのである。また明治天皇は「軍人は政治にかかわるな」と言われた。六世紀までは軍事を司った大部族の長が大臣役をしていたのだから、このお言葉は復古の精神に反しているわけになるが、そういう矛盾を包んで外に出さないところが日本の天皇のよいところだということを、昭和の軍人は忘れたのである。

6

第五回目の国体の変化は敗戦と共にやってきた。今度こそはもうだめだと日本人はみんな思った。天皇は自らマッカーサーを訪ねられて「私は神ではない」と言われたのであるから。そして日本が外国に軍事的に占領されるということは有史以来の初体験だったのだから。国民の多くが虚脱状態になったのは当然であった。そして卑屈になった。

そのうち何とか国力が恢復してくると、敗戦をむやみにくやしがる人も出てくるようになった。「すめらみことは、何とて人になり給いしや」という主義に殉じて割腹した三島由紀夫はその典型である。これは日本史、特に天皇と国体に対する事実誤認のもっとも傷《いた》ましい例である。彼が切腹などしないで今も生きて文学を創造し続けてくれていたら、と思って残念に思うのは私一人ではあるまい。私の国体観からすれば、三島は腹を切るほどのことはなかったのである。なるほど天皇は「私は神ではない」とマッカーサーに言われたが、その神《かみ》とはゴッドのことであり、マッカーサーもそう理解したはずである。しかし日本の天皇がゴッドであったことなどは有史以来、一度だってないのだ。天皇は常に国民の代表として、日本人の先祖の霊を祀る方である。それを古代日本語で「あらひとがみ」と言ったので、西洋流のゴッドとは異質なものである。そして敗戦によって天皇が祭り事を絶やされたことはないのであって、天皇の機能は連続して絶えていない。つまり日本の国体にはまだ断絶がない。

しかし日本が外国の軍隊に占領された以上は、そんなことを言っても詭弁《きべん》だと言う方もあるだろう。しかし用明天皇は外国の神（この場合は仏）に向って心から平伏されたのだ。これは武力による敗北よりもっとひどい敗北と考えられるのではないか。さればこそ、物部氏や中臣氏は「すめらみことは、何とて外国《とつくに》の神に平伏し給いしや」と嘆きながら滅んで行ったのである。これが三島由紀夫の悲劇の六世紀版であることはどなたにもわかっていただけると思う。

しかし用明天皇の精神的降伏によって、日本の天皇はゲルマン人の酋長とは違ったものとなったのである。アルフレッドやラードボードの子孫は断絶して消えてしまったのに、日本の天皇は日本人のアイデンティティの拠《よ》り所として日本人と共に展開してきたのである。日本人のアイデンティティの拠り所とは別の言葉で言えば日本人の「統合の象徴」である。つまり、現行憲法第一条の規定は、新しい天皇を作ったというよりは、前からそういう意味で日本の天皇はカミだったので、それがたまたま敗戦を契機にして明文化されたものと言うべきであろう。

日本の軍事的敗北は、重大なる国体の変化であった。それについては一点の疑いもないが、同時にそれは断絶でなかったことにも一点の疑いもない。

この前の戦争を天皇の責任にする議論も多くあるし、その中には真理の粒が含まれていないこともない。しかし二十世紀前半の戦争は天皇を持たない国もみんなそれぞれの理由で参加していたのであって、天皇があったから戦争が起ったというような簡単なものでないであろう。しかしあのような形で急速に停戦が成立したのは天皇の力であったとは言えるであろう。普通の日本人は、大体そんな風に感じていたので、戦争後間もなく天皇が各地を行幸なさった時も歓呼して迎えたのであろう。国民は軍部の首脳に対しては決してこういう暖かい気持を持たなかったのである。

それぞれの国体の変化が、その当時は極めて深刻に思われながらも、ふり返って見ると日本という国がアイデンティティを失わずに脱皮成長するためのステップになってきているようである。

今度の敗戦は深刻であったが、戦に敗れ、外国に占領されても天皇に象徴される日本の国体は断絶しなかったということの方が、後世になって見ればはるかに重大な意味を持つであろう。事実、チャーチル、スターリン、ルーズベルト、トルーマン、ジョージ六世と、この前の大戦の相手は、蔣介石と毛沢東をのぞけばすべてこの世にないし、いわゆる戦勝国は、戦後三十年間に、日本よりうまくやってきたとは義理にも言えない。日本では農民やオフィス・ガールもロンドンに旅行に行くほどなのに、戦勝国の方はそこまでになっていないといった奇妙な現象が起っている。

敗戦という国家の最大の不祥事すらも、天皇をもつ日本を一まわり大きく育てる肥料になったと考えうることは、やはり天皇というものの「玄義」である。アメリカ人の中にもこの現象に気付いて「沖縄や硫黄島まで返してもらった上に、大統領にアラスカまで出迎えに出てもらうとは、天皇は本当にゴッドなのではないか」と皮肉っぽく書いている人がいた。

おそらく「正統」というものはそんなものなのではないだろうか。

もし原始キリスト教のみが本物のキリスト教であるならば、カトリック教会などはとっくにキリスト教でなくなっていることになる。しかし事実は、思想上・歴史上の大事件があるたび、公会議が開かれ、新しい信条を出しながらカトリック教会は衰退の色も見せないで続いてきている。原始キリスト教から見るとひどく国体（「教体」と言うべきか）がずれてきているようでも、現在のローマ法王が「ペテロの座」の正統の継承者であることには間違いない。正続、あるいは国体を何かもう出来上ってしまって不動で硬化したものとしてでなく、脱皮を伴う展開の連続であると考える時はじめて日本の天皇の本質をよりよく理解できるのではないだろうか。

さて、国体の変化が第五回目で終って天皇が絶えるか、更に六回目の変化が起るかは、多分に共産党の将来とかかわりを持つであろう。しかしその問題は本稿での考察の範囲を超えるようである。

真の戦闘者・徳富蘇峯

〝オポチュニスト蘇峯〟の烙印

「君の大学には辻善之助先生が出講されているそうだが、機会があったら一つ聞いてもらいたいことがある。それは蘇峯の『近世日本国民史』を辻先生のような正統派の歴史学者がどう評価しておられるかだ。たとえば戊辰《ぼしん》の役（明治元年の官軍と旧幕軍との戦）においてわが庄内藩（山形県鶴岡市附近）の奮戦はまことにめざましいものであったが、これを書いている歴史の本は蘇峯のものしかない。私の見るところまことによく書かれていると思うのだが、その信憑性《しんぴょうせい》はどのくらいのものなのか、辻先生あたりのお考えを知りたいのだが、一つ頼む」

こう、故佐藤順太先生が当時大学一年生の私に言われた。佐藤先生は元来英語を教えておられたのだが、郷里に隠居され、晴猟雨読のような生活をしておられたのである。そして相当軌道をそれた英文科の学生であった私は、夏休みと春休みはほとんど連日、この格物致知の権化のような老先生をお尋ねして大学のカリキュラムにないようなことばかりを教えていただいていたのであった。

なるほど普通の日本史においては、江戸城開城の後は、会津の白虎隊と長岡藩の河井継《かわいつぎ》之助《のすけ》ぐらいの話が残っているだけで、奥州は何の問題もなく片付いたような印象を受ける。しかし庄内藩の人にとってはそうでない。私の先祖も足軽ぐらいで従軍し新庄あたりで戦った話が祖母を通じて私にも伝わっている。その先祖が従軍中どこかの稲荷神社に宿営して、そこの御神体を分捕《ぶんど》ってきた、つまりかっぱらったという。その御神体を祀った小さい社《やしろ》が私の子供の頃、庭の隅にあった。お稲荷さんは狐だと思っていた私は、小学生の頃に家禁を破ってその御神体を見たことがあるが、それは床机《しょうぎ》に腰を下ろした人間で、しかもその木彫の像はほとんど重量がないほど軽かったことを覚えている。

その御神体を「新庄の戦の時に先祖が分捕ってきた」という祖母の話が妙に頭にこびりついていた。というのは新庄は山形県の内陸部で、海岸の平野にある鶴岡からはだいぶ遠い。そこで戦ったという以上、進軍したことになる。他領に攻め入った以上は勝ち戦であったろうが、幕府側であった酒井藩の庄内勢が勝ったなどという話は、一度も聞いたことがない。私の小学校は昔の藩校で、旧士族の先生方も少なくなかったと思うのだが、一度も鶴岡の武士が官軍から勝った話はされなかった。そんな漠然とした疑問は持っていたのだが、佐藤先生の話を聞くまで、つまり大学一年の春休みまで、その時の情況を明らかに知る機縁はなかったのである。

はじめ官軍は薩・長・肥・小倉の諸藩に、地元の新庄藩が加わって、五藩連合で庄内に攻め入る予定であった。ところが逆に庄内軍に攻め込まれ、その城下町新庄を占領されて秋田領まで逃げこんだ。ところが庄内勢は更に秋田領まで攻め入って、内陸の方面では横手城を占領し、海岸の方では本庄に攻め入っていった。いたるところ勝ち戦である。そのうちさすがに天下の大勢がわかって降伏することになったのであるが、官軍も大事をとって、西郷隆盛自ら鶴岡城の接収に来たのである。その時の西郷は勝者であったにもかかわらず態度がまことに謙譲であったので庄内人は感激し、後に西郷が私学校を起こした時も、多くの庄内藩士の子弟が出かけて行ったのである。

このような旧幕府最後の戦争における庄内勢の武勇抜群の奮闘が、蘇峯の『近世日本国民史』以外にはほとんど知りようがないということを佐藤先生から聞いた時、私は意外な感じがした。というのは蘇峯というのは当時（昭和二十五年頃）の私には「時局便乗の右翼爺《じじ》い」というイメージしかなかったからである。そしてそのイメージは蘇峯が昭和十四年に出した『昭和国民読本』という白い表紙の本から来ていたと思う。だいたい私の家にはそういう種類の本はなかったのであるが、「非常時」を感じた父が、柄にもなくそれを買ったのだと思う。小学校四年生の私はその白い本を何となく忌《いま》わしいと感じていたことは今から考えても不思議である。そして戦後は、もちろん蘇峯のものは一つも読まず、また彼について何も知ろうともせず、「あの白い本を書いた右翼爺い」ということにとどまっていたのである。

歴史の大家としての知られざる側面

新学期になって東京に帰るとさっそく辻善之助先生をお訪ねして、「蘇峯の『近世日本国民史』の信憑性は何パーセントぐらいでしょうか」と単刀直入に質問したのである。すると辻先生ほとんど一瞬の躊躇もなく、「五十パーセントだな」とお答えになった。

私は重ねて、「それはどういう意味でしょうか」とお聞きすると、辻先生は次のようにお答えになった。

「蘇峯は多くの助手を使って書いた。資料編纂所の資料もよく使っている。そういうところは信憑性があるということで五十パーセントだ」と。

私はこのことを早速、佐藤先生に報告した。ただ気になったのはそうお答えになった時の辻先生がいかにも不愉快そうなご様子であったことである。その理由は英文科の学生なんかが変な質問を持ってやって来たということかも知れないとも思ったり、また、蘇峰のような素人の書いたものに対する専門学者の感情なのかも知れない、と思ったりもした。

しかしその後、蘇峰関係のものをいろいろ読むにつれて、辻先生が蘇峰について質問された時に、なぜあんなに不愉快そうな態度を示されたかもわかってきた。辻先生はすでに昭和十一年、近衛文麿《このえふみまろ》主催で帝国ホテルにおいて開かれた蘇峰の文章報国五十年祝賀会で、『近世日本国民史』に対する詳しい批評をやっておられたのである（早川喜代次『徳富蘇峰』十一章の十一参照）。その折の辻先生のお言葉の趣旨は、大体次のようなものであった。

「昔から史家の三長という言葉があります。それは学・識・才のことでありますが、学はもちろん学問であり、それがなければ歴史家になれないことは申すまでもありません。識は識見のことであります。ただ歴史の事実を知っているだけでは史家と言いかねます。歴史に対する識見がなければなりません。才とは才力、特に文章のことであります。ただ書くだけでは歴史は不十分で、その識見を載せ、人を動かすに足る筆力が必要であります。その点、徳富先生は史家の三長をことごとく具《そな》えられた方であると言ってもよろしいかと思います。試みに徳富先生のお仕事を古来の大著述とくらべて見ましょう。

徳富先生の『近世日本国民史』はすでに出来上っている分だけで六十二巻であり、ページ数で三万ページを越えます。これに対して昔、幕府の命令で作られました日本史である林《はやし》羅《ら》山《ざん》・春斎《しゅんさい》父子の『本朝《ほんちょう》通《つ》鑑《がん》』及び『続本朝通鑑』は今の活字本にすると約五千七百ページになるにすぎません。この本は事実を直書し、また史実の確かなものとそうでない伝説の類の書き方を変えておりますので、史実の考察に長所があります。次は水戸《みと》光圀《みつくに》が安積澹泊《あさかたんぱく》ら多くの学者を集めて作られた『大日本史』がありますが、これを今の活字になおしますと約二千五百ページになります。これはご承知の如く、史実が正確であることと文章が洗練されていることで有名であります。次に飯田忠彦の『野史』がありますが、これは今の活字にすると約三千四百ページになります。いろいろ細かい史実を調べておりますが、やや雑駁《ざつぱく》なところもあります。しかし識見に見るべきものがあり、文章も優れております。次は頼山陽の『日本外史』ですが今の活字本で約八百ページになります。その文章が絶妙なことはよく知られたところで、読む者を恍惚《こうこつ》とさせるところがあります。しかし材料はいかにも薄手《うすで》であり、史実も粗雑なところが大きな欠点であります。これは著者山陽も自ら認めているところですし、またそこに見られる意見も必ずしも山陽の独創ではありません。このほか歴史家としては新井白石をあげることができます。国史としてはその『読史餘論《とくしよろん》』がもっともすぐれたものと考えられ、その文章も流麗にして暢達《ちょうたつ》なものですが、ほんの小篇でありますし、また材料の検討も十分行きとどいてないところがあります。

今あげた日本の歴史に関する本は、どれ一つとっても徳富先生の『近世日本国民史』とはまず量の点で比較になりません。活字の大きさや組版の違いもありますことですから、そのままページ数をしらべましても正確な比較にはなりませんが、それでも『近世日本国民史』の大量なことは前古未曾有《みぞう》と称してよいと思います。そして質の点、すなわち学の点で言えば、その史実の考察の立派な点で『近世日本国民史』は正に『本朝通鑑』や『大日本史』と匹敵することができると考えられます。しかし『本朝通鑑』や『大日本史』は幕府や水戸藩の事業として多人数でやったものであります。個人の仕事としては徳富先生の大業に及ぶものは絶無なのであります。更に識の点、及び才の点、つまり歴史に対する識見や史筆において徳富先生は新井白石か頼山陽に当ると思われます。しかも徳富先生の一番得意とされ、また、当初からの目的とする時代は明治時代なのでありますます。今、ご完成になりました六十二巻はまだ『孝明天皇崩御後の形勢』でありまして徳富先生の眼目たる明治時代は、なおこれから以後のお仕事になります。切にご自愛を祈って止まない次第であります」

これは当時の文部大臣をはじめ、朝野の名士が千人以上も集まった公の場で、官学を代表しての辻博士の言である。しかも絶賛である。質量共に日本肇国《ちょうこく》以来第一等の歴史だと言っておられるのである。この発言を辻先生が忘れられたはずはない。私はこんなことは知らずに蘇峯の歴史の信憑性のパーセンテージなどお訊《き》きしたのであったが、それは昭和二十五年頃の話で、公職追放令がまだ解除にならず、戦前や戦時中に物を書いた人たちは晏如《あんじょ》としなかった頃である。辻先生にしてみれば不愉快な質問だったのではなかろうか。そしてひょっとしたら私が尖鋭な左翼学生で、戦前の発言のあげ足取りでもしようとしているのではないかと思われたのではないだろうか、などと今にして思い当るのである。

ところで「蘇峯の歴史の信憑性は五十パーセント」というのは辻先生の発明でなく、蘇峯自身がそう言っていたのである。今あげた昭和十一年のパーティで、辻博士の賞賛の辞のあとを受けて、蘇峯は次のような趣旨の挨拶をしているのだ。

「ただ今、辻先生からまことに有難い折紙をつけていただいて、まことにかたじけなく存ずる次第であります。これは辻先生が、今夜のような芽出たい祝いの席であるので、多分私に花を持たせて下さったのだと思います。あのような過分な褒め言葉をいただきましても私は、そのお言葉通りを信ずる者ではございません。すくなくとも、五割引き、ぐらいのところ、それくらいのところが相応だと思います」

辻先生の絶賛の五十パーセントだと蘇峯自身が謙遜していたのだから世話はない。更に語を次いで蘇峯は、「帝大の史料編纂、あるいは維新史料編纂の三上参次先生、辻善之助先生、また、亡くなられた田中義成先生がたが、少しも材料を惜しまずに、虚心坦懐《きょしんたんかい》に私に教えて下さった」と感謝しているし、国史学界の大御所黒板勝美博士も、蘇峯の『近世日本国民史』は「国史学界における画期的一大事業」として推賞されているのだから、蘇峯の業績は本当に学界の折紙付きだったわけである。しかもその折紙が、祝宴の席上での社交儀礼でないことは、それより十数年前、『近世日本国民史』が十巻まで出た時に帝国学士院から恩賜賞を授与されていることからもわかる。学士院恩賜賞というものがあだやおろそかにもらえるものでないことは戦前も戦後もかわらない。蘇峯はアカデミックな意味においても第一級の仕事をしているわけなので、時流に便乗した新聞記者くずれの右翼爺さんという私が抱いていたイメージは全く当らないのであるが、何時《いつ》の間にかそういうイメージを抱くようになっていたのであった。そして、たまたま佐藤先生の幕末における庄内藩の話から、蘇峯に対する関心を起こし、徐々に認識を改めるに至ったのである。

史書を貫く公平無私な眼

大学を出るまでに私はすっかり蘇峯を見なおすようになっていた。そして『近世日本国民史』をも手許に買いたいと思っていた。というのは、佐藤先生の刺戟《しげき》を受けて『近世日本国民史』をのぞいてみてなるほど大変な本であることに気付くようになったからである。私はまず自分がかなりよく知っていると自信を持っていたキリシタンの取扱いを見て、この本は信頼できると思った。そしてオランダの取扱いも非常に公平であると思い、「蘇峯は右翼だ」という長い間の偏見を一掃した。少なくとも歴史家として蘇峯は偏狭な主義に引きずられていないと信頼するようになった。それに既刊分だけでもざっと計算すると江戸時代は数年に一冊ずつになるのであって、それは恐るべき資料の集大成であることを発見した。

たとえば赤穂義士のことについていえば、この事件についてまるまる一巻が当てられているのであり、義士銘々の石高から、多くの書状、事件後の学者たちの論争まですっかり上げられているのだ。

更に驚くべき巻は秀吉の朝鮮の役であろう。これには何と三巻が当てられており、しかも各巻とも実に五百ページを越える堂々たるものなのだ。つまり朝鮮の役だけでも二千ページに近いのであり、これを開けば、個々の小戦闘についても彼我の戦闘人員、その配備、指揮者から将校級の武士の名前まで明らかである。それにつけ加えて秀吉からの命令書や、秀吉に対する報告書まで、原文のままでたっぷり引用してある。しかも資料は日本側のものに限らない。『李朝実録《りちょうじつろく》』のように、朝鮮側の資料で、それまで日本人が読んだ筈のない貴重なものをふんだんに、また縦横に使っているのである。このような点については蘇峯の利用した資料の量と質は辻博士だって及ばないものが少なくないのである。というのは蘇峯は当時の朝鮮総督寺内大将とはごくごく親しい間柄であり、また彼の財政状態も相当余裕があったので、秘録に類した記録を見る便宜もあったし、朝鮮で山のように古本を買いこむこともできたのである。蘇峯は約十年間、朝鮮と特別に近い関係にあって年二回は渡鮮していた。その秘書役は戦後自由党の幹事長にもなった山崎猛であったが、彼を相手に紙屑同様に鼠の糞に埋れていた本の中から、国宝級の珍本を発見したり、また昔、日本から渡った古文書などを数多く発見したのである。当時の日本の学界で蘇峯以上に根本資料を知っている人はなかったと言ってもよいであろう。学士院の恩賜賞は当然のことであった。

一事が万事である。蘇峯は日本各地の旧大名家や旧家などと親しい関係があり、その家の秘蔵の古記録、古文書に直接当りえたのであって、これは凡百の歴史学者のなしうるところではなかったのである。たとえば例の庄内藩の戦闘について言えば、ここでも蘇峯は単に多くの文献に当ったのみならず、直接に当事者の話を聞く特権を持っていた。日清戦争の時の陸軍参謀次長川上操六《かわかみそうろく》中将（総長は有栖川宮《ありすがわのみや》殿下であるから実質上の参謀総長と言ってよい）と蘇峯は極めて親しかった。そして遼東半島に向う威海丸に川上中将と同船した蘇峯は、その口から直接に庄内平野の戦の話を聞くのである。川上中将は当時二十一歳で薩摩軍の分隊長だったという。蘇峯はまだ歴史を書き始めていなかったが、修史の志は早くからあったので、これを詳しく書きとめている。また蘇峯は桂太郎《かつらたろう》と特に親しく、後には伝記まで書くことになるのだが、日露戦争当時、第三師団長であった桂を陣中に訪ねたのが二人の知り合いの始めである。その初対面の時から二人は意気投合し、親しく語り合ったのだが、その時も桂は、二十二歳の青年の時、東北鎮撫《ちんぶ》総督《そうとく》参謀添役として山形方面に従軍した時のことを詳しく語ってくれたという。これらの直話が、文献として残されている資料にプラスになって蘇峯の『近世日本国民史』になっているのである。もちろん庄内藩だけについての話ではない。蘇峯の歴史は日本中の注目を受けていたのであって、進行するに従って各地、各方面の援助が惜しみなく寄せられたのであった。

しかしこのような充実した歴史が戦後しばらくの間はほとんどかえりみられなかったの

である。私が学生の頃は戦前出版された分の五十冊がどこの古本屋にもごろごろしていた。私は咽喉《のど》から手が出るほど欲しかったのだが、四畳半に二人の寮生活では買って来ても置き場所がなかった。

その頃のことであるが、私はあるアメリカの東部の有名大学から来た教授のアルバイトをしていた。そのアメリカ人歴史学者は、日本について野心的な著作をしようとしていたのであるが、日本語がよく読めなかったので、私は彼のために必要な資料の英訳をしていたのである。丁度、六本木の古本屋に『近世日本国民史』の五十冊揃の美本が出ていて、たった三千円だった。私はその学者に是非買うようにすすめた。「これは過去四百年間の日本史に関する資料のエッセンスです。五十冊で八ドル足らずです（当時一ドルは四百円以上）」と言ったが、彼は何と「高い」と言って買わなかったのである。彼は当時、丸の内のホテルに一日五ドルの宿を一年間ぐらいの契約で借りて、しかも単身来ていることもあって、しかるべき無駄遣いが多かったのであるから、随分ケチなことを言うと思って内心軽侮の念を覚えたことがあった。もっとも私が『近世日本国民史』の最初の五十巻を買ったのはそれから数年経ち、四畳半二人という空間的制約から解放された時である。その時は六千円であった。

佐藤先生はその頃、面白いことを言われた。「蘇峯の『近世日本国民史』のことは今は誰も口にしないが、本を書くような人はみんなこっそり使っているにきまっている」と。

私も自分がこれを座右に置いてみて佐藤先生のお言葉を信ずるようになった。これさえあれば、信長の頃から明治十一年、大久保利通《おおくぼとしみち》の暗殺までの日本史については、まあ、どんなテーマでも啓蒙書ぐらいならたちどころに書けそうなのである。しかし「蘇峯を使っている」と言う著述家や学者は佐藤先生の言われた通り戦後はほとんどいないようである。ただ一人私が知っている例外は芳賀徹氏で、彼は『大君の使節』（中公新書）を書く時、随分役に立ったと言っておられる。これは芳賀氏が正直であることと、蘇峯以外の資料も使っているという自信があるからはじめてそう言えるので、多くの人は正にその反対だから『近世日本国民史』に対して口を閉じているのであろう。

その生い立ちと神童ぶり

『近世日本国民史』はまことに驚くべき歴史である。それは、間違いなく日本が世界に誇ってもよい著述の一つである。蘇峯は最初「明治天皇御宇史《ぎょうし》」を書くつもりであった。ところが明治史を書くためには幕末を書かなければならない。つまり「孝明天皇御宇史」が必要である。しかもそのためには徳川時代を知らねばならず、徳川時代を知るためには豊臣時代を知らねばならず、豊臣時代を知るためには信長を知らねばならぬ、と言った具合で、建武《けんむ》の中興あたりが明治維新の遠因になるとした。しかしそこから始めたのでは明治まで書くことができないから、取りあえず信長の時代から書き出したというわけである。そして大体の腹づもりで本論の明治天皇御宇史に五十巻を当て、その序論に当る孝明天皇御宇史に二十巻、序論たる織田・豊臣・徳川篇に三十巻を当てる予定であった。ところが実際には孝明天皇崩御篇までが六十二巻なのであり、残りが明治の最初の十一年間のための三十八巻ということになる。序論六十二巻、本論三十八巻の歴史を独力で書いた人間がこの世にいることを私は寡聞にして知らない。この明治天皇の御宇史に寄せた彼の異常な熱情とエネルギーが、結局は新聞人としての彼を失敗に終わらしめたのである。

では、新聞人としての蘇峯はどのようにして出現し、どのように退いて行ったのであろうか。まず彼の生い立ちと学問を一見してみよう。

蘇峯は文久《ぶんきゅう》三年（一八六三年）肥後水俣の総庄屋と代官を兼ねた地方の名家に生まれ、幼くして神童ぶりを発揮した。四歳にして唐詩を読み五歳にして四書を読んだという。いくら時代が違うと言いながら今の並みの大学生以上に漢文が読めたわけである。蘇峯の一生を通じて見のがしえぬ大特徴はその抜群の語学力であり、シナの古典などは、われわれが少し固い翻訳物を読むぐらいのスピードで読めたようである。またその九十数年にわたって作り続けた漢詩の数は厖大なものであり、尤《ゆう》に一巻をなすであろう。詩の上手下手は別として、旅先であろうと酒席であろうと、韻をちゃんと踏まえた漢詩をいつでも作れるという実力があった。さればこそ李朝最後の大漢学者といわれる朝鮮の金允植《きむいんしょく》、清朝の進士であった鄭孝胥《ていこうしょ》や羅振玉《らしんぎょく》のような本場の学者も、蘇峯と交わるにまことに厚かった。漢学と詩作という共通の地盤のおかげで、相互に敬愛の念が生じたのである。

また蘇峯の英語を読む力もまことにめざましい。十一歳で熊本県立の洋学校に入り、米人ゼンスから英語とキリスト教を学び、後にこれが機縁で同志社に入り新島襄《にいじまじょう》の教えを受けている。英語の書物の読破力も群を抜いていた。英語力において当時彼に太刀打ちできる人は日本のインテリにもそう多くはなかったはずで、後に論壇を風靡《ふうび》するのも故ないことではない。漢学と英学のこのような見事な結合こそ、彼の九十年間にわたる尽きることを知らぬ知的活動のエネルギーの源泉であったのである。そのいい例を一つ示そう。

蘇峯は大正六年民友社創立三十年記念出版として『杜甫《とほ》と弥耳敦《ミルトン》』という八百ページ余の大冊を出版した。私の持っているのは特製三百部の第壱壱号で、「蘇峯學人」という蔵書印があるものであるが、それはまず当時の日本の国力の一端を示すような堂々たる造本技術で作られてある。今なお光沢を失わぬ天金に、これまた特製の皮表紙で包まれ、手に持っていてもしばしば飽くることを知らぬ見事な本である。そして内容もまた蘇峯の著作五百巻の中、著者自らが「会心の作」と許すだけあって、英国のミルトン、シナの杜甫という二大詩人の伝記を述べ、時代を語り、詩を論じ、比較対照し異同を弁じていること、光彩陸離たるものがある。日本人の誰がミルトンと杜甫の両詩人を同時に、しかもこのように見事に紙上に躍らせることができようか。

大学三年の時の英詩のゼミナールはミルトンであった。指導教授は『失楽園《パラダイス・ロスト》』をテキストとして読むほかに、私にはケンブリッジの碩学《せきがく》サー・アーサー・クイラ・クーチ教授のミルトン研究を読んで一月後にクラスに報告するようにとの課題を与えられた。私はクイラ・クーチを精読すると共に、古本屋で手に入れたばかりの蘇峯の『杜甫と弥耳敦』の豪華本を抱えて、神宮外苑の樹陰で何日かの午後を過ごしたことを甘美な感情をもって憶い出すことができる。そして正直のところ、ケンブリッジの大学者が書いたものからよりも蘇峯から学んだことの方が多かったことを告白しなければならない。考えてみればミルトンはピューリタン革命が起こるや詩作の生活をなげうってクロムウェルのラテン語書記となった人で、晩年失意のうちに盲目となり大作を口授した人である。剛腹鉄血、火のかたまりのようなところがあるので、そのあたりの理解と共感の深さになるとイギリスの専門学者でも蘇峯に及ばないところがあったのではないかと思う。もっとも蘇峯のミルトン理解はマコーレーに拠るとして、あたかも蘇峯のミルトン理解は二番煎《せん》じか孫引きのように評する人がいるが、そんなことはない。そういう人は蘇峯の英語の実力を見損なっているのであろう。蘇峯は確実にミルトンの原典を読んでいた。

もう一方の杜甫については言うこともない。その博大な知識、的確な比喩、堂々たる識見、いずれも圧倒的である。たとえばアトランダムに開いたページから、彼の叙述の一例を示してみよう。

「極言すれば、杜甫一たび出でて、支那の詩界は亡びたりと云ふも、大なる過言にあらず、即ち王右軍出でて、書亡び、朱晦菴《しゆかいあん》出でて、経学亡び、韓退之《かんたいし》出でて、文章亡ぶと云ふ意味に於て然る也。而して此の意味に於て、特に杜甫に於て、痛切なるを見る也。」

杜甫が出たからシナの詩が亡んだというような秀抜なパラドックスを他の誰が使いえたであろうか。そしてそのパラドックスを首肯せしめるためにただちに王羲之《おうぎし》や朱子や韓愈《かんゆ》を引き合いに出すレトリックの巧さと強さ。これは今日はとんど見ることのできなくなった種類の文学批評の文章である。更に杜甫がなぜ「詩界の巨人か」という理由を考えるに当っては、厳滄浪《げんそうろう》、秦淮海《しんわいかい》、新唐書本伝の賛、趙翼《ちようよく》という風にめぼしい批評をあげて、ついに清の乾隆帝《けんりゆうてい》の評言が最も近いのではないかと言い、最後に蘇峯自身の意見を述べるといった風である。彼があげている杜甫の偉大な理由というのは、第一に杜甫が政治的詩人であること、第二にその同情が博大、深厚、普遍、充実していること、第三にその詩の取材範囲を、政治・歴史・人物の方面に開拓したこと、第四は詩形に対する新工夫、新試験、新発展があること、第五は当代の精粋を集めて集大成したこと、第六は詩人的天分としか言いようのない才能を持っていたこと、第七は彼は功名心がありながらも常に詩人として一生を終始したこと、第八は詩人としての本領を発揮すべき最良の時代に出会ったことなどである。もちろん蘇峯はこんな風に箇条書きにして済ませているわけでなく、一々について十分読者を納得させ、喜ばせるだけの根拠と識見とレトリックを与えているのである。杜甫の場合にしろミルトンの場合にしろ、説くところは学術書としてもおかしくないだけの内容を持ちながらも、読者は愉悦の感情をもって読みうるところは、最もよき意味でのジャーナリストとしての天才を蘇峯が具えていたことを示すものであろう。それは先に述べた歴史の場合でも同じであった。学士院恩賜賞に輝く歴史の本が通読しても面白いという不思議な点がそれである。

蘇峯が『杜甫と弥耳敦』を書いたのは五十五歳というもっとも脂の乗り切った年齢の頃であるから特に充実しているとも言えようが、私の見るところ、その前でも後でも、蘇峯はいつでも脂が乗っていたのではないかと思われてならない。単なるジャーナリストとしてはすでに見られず、一世を蓋《おお》う大学者であり、漢詩人という評価が広く出はじめていたことは、彼の書、特に自作の詩を書いた書が、当時の大学卒の初任給以上の値段でいくらも売れたというような点からも容易に推察されると思う。

エリートコースを自ら外れた理由

蘇峯のような神童型の人物は、当時の通念からすれば学者になるのが普通のコースとして考えられたと思う。語学がよくできたのであるから官学に進むことも、それほど難しくはなかったとも考えられよう。特に横井小楠《よこいしょうなん》の妻は蘇峯の叔母であり、父は小楠の弟子である。そして勝海舟は横井小楠との関係から終始徳富一家と親しく、特に明治二十一年以後は徳富一家は氷川町の海舟の邸内の貸家に住んでいたくらいであるから、コネとか学資援助の便宜などもあったはずである。しかし蘇峯の青少年時代を見て、官学に入ろうとか、あるいは官学でなくても私立学校でも出ようとか、そういう学歴を得ようと努力した形跡が全くないのにおどろかされる。事実、彼は明治九年八月に上京して東京英語学校（一高の前身）に入学しているのだ。数え年十四歳の時である。ところが京都の同志社に入った友達から新島襄というアメリカ帰りの偉い先生がいるという話を聞くと、惜し気もなく官学第一の登竜門を退学して京都に行ってしまうのである。ところがその同志社では新島のアメリカ式教育、特に新島夫人のアメリカかぶれに反感を持つようになった。そして例のストライキ事件で新島が自己の不徳を責めて自分の左手を右手で鞭《むち》打つというような事件があったのがきっかけで同志社も退学してしまう。そして数カ月間東京の漢学塾に居た後は本を買いこんで郷里に帰り、大江《おおえ》義塾という私学校を建て自分が塾長になるのだ。わずか二十歳の時である。当時は数え年であるから満で数えれば十八ぐらいだろう。つまり今の青年が大学入試を受ける年頃には蘇峯は官学も私学も通り抜けて独立してしまうのである。学歴無用人間の典型である。そしてここに見られるような功利的打算の欠如は蘇峯の一生の特徴であった。一時蘇峯が金にきたなかったという評判が立ったことがあるが、それは民友社のある上級社員が蘇峯の代理と偽称していろんな方面から金を取っていたからである。しかしこういう噂はなかなか消えないもので、戦後になっても方々で蘇峯批判の一材料として用いられたから、今でも方々にその説が残っているかも知れない。しかし青年時代に、しかも立身出世主義が美徳とされた時代に、学歴が眼中になかった人間が途中から功利主義者になることは不自然であろう。実際に蘇峯の生涯を検討しても、彼は常に打算が下手である、というよりは打算する気があまりなかったように思われる。彼にとって至上のことは、自分の志を行うことであった。その志が立ったことが、中途半端で終わった同志社生活の収穫であったと言ってよいであろう。

その志とは何であったか、と言えば新聞記者になることであった。自己の言論によって同胞を動かしたいということであった。蘇峯は少年の頃から、父が東京から取り寄せて読んでいた東京日日新聞をはじめ、地元熊本県の白川新聞とか熊本新聞を愛読していた。特に京都においては諸種の新聞、雑誌を熱心に読み、自己の所信を広く発表したいという欲求がますます強くなったようである。

もちろんその当時の新聞記者の地位はひどく低いものであるから、新聞記者を生涯の目標として勉強するなどという青年はほとんどなかったであろう。しかし当時十五、六歳であった蘇峯は大阪の新聞や神戸から出ている週刊誌『七一雑報』などに投書しはじめていた。そして新島の紹介でこの『七一雑報』を手伝うことになった。しかしそこの仕事は平凡な翻訳の手伝いといったところであって、蘇峯の目的である「所信の表明」というようなことはやらせてもらえない。それで間もなくやめて京都に帰ってきてしまった。送別会の写真が出来上がらないうちにまた京都にもどったというのだから極めて短期間に違いない。

京都に帰ってからはますます新聞熱が高まってきた。当時関西の有力紙であった『大阪日報』などにも投書したらしい。匿名であるから誰にも知られないわけであるが、そういう投書が採用され、掲載された時は鬼の首でも取ったように嬉しかったという。そのまま京都に居れば関西の新聞社に入ることになったかも知れないが、前に言ったような事情で同志社を退学し、一時は東京へ出たが結局郷里に帰らざるをえなくなったのである。そして私学校を建て、大いに成功するのであるが、一度立てた新聞への志、活字によって所信を述べるという骨の髄までジーンとくる快感は絶対忘れられるものではなかった。そこで田舎新聞に論説をのせるぐらいでは我慢できず、約五年間やってきた大江義塾を閉ざして上京し、ジャーナリズムに身を投ずるのである。ついでながら言っておけば、この義塾は数多くの人物を出したが、その中には宮崎滔天《みやざきとうてん》もいた。

二十五歳で確立したオピニオン・リーダーの地位

明治二十年二月十五日、二十五歳の蘇峯は『国民之友』を発行するのであるが、この時までに彼の名が全国的に知られていたことは注目してもよいであろう。五年間の田舎での生活中、彼は教えるのみならず猛烈な勉強をしていた。当時の勉強の目標としては第一に史学、第二に文章学、第三に経済学をあげている。そして外国のものではアメリカの週刊誌『ネイション』を愛読した。このような生活の中から生まれた論文『第十九世紀日本の青年及其教育』は最初三百部を刷っただけだったが間もなく田口卯吉《たぐちうきち》の『東京経済雑誌』に採録され、何週間かにわたって連載された。しかも有賀長雄博士の批評などもあって、識者の間に蘇峯の存在が知られるようになった。特に井上毅《いのうえこわし》は、この小冊子を読み出したら途中でやめられなくなって役所を一日休んだと伝えられる。次いで田口卯吉の経済雑誌社から出した『将来の日本』（明治十九年、二十四歳）は、正式の出版物としては最初のものであるが、忽ちに日本中に反響をよび、その清新な文体はすぐに多くの模倣者を生んだほどであった。蘇峯はこの人気を拠り所にして雑誌刊行に踏み切ったのである。もちろん彼の目的は新聞発行にあったが、地方新聞に多少関係して、新聞発行の難しさを知っていたので、まず雑誌から手がけたわけである。

かくして刊行された『国民之友』は一つの「現象《フェノメーン》」となった。当時の雑誌の発行部数が大抵千部以下、通常五百か六百であったのに、彼の新雑誌は忽ち売り切れ、再刊、三刊と重ねて、遂に一万を越えてしまったのである。今日は出版物の量が増大したのでピンとこないけれども大体百倍に換算したらその感じがつかめると思う。今日、雑誌で十万部出るものがあったら「盛んなり」と言うべきであろう。五、六万部というのが多いのではないだろうか。ところが突如として創刊号から百万部越える雑誌が出現したとしたらどうだろう。それは一つの現象である。蘇峯の『国民之友』のデビューはそれに似たようなものであった。しかも二号以下の売れ行きも落ちないのである。更にその二年前に私家版で出した『第十九世紀日本の青年及其教育』の改訂版『新日本の青年』もすさまじい売れ行きであった。こうした成功によって三年後の明治二十三年二月一日、念願の日刊紙『国民新聞』を発行する基盤ができたのである。ちなみに『国民之友』は例の愛読誌『ネイション』からとったものであり、民友社の社名は『国民之友』を縮めたものであった。またこの頃、「疎放生」というペンネームを郷里の阿蘇山にちなんで「蘇峯」とした。

ここでどうしても強調しておかなければならないのは、ベストセラー作者としての蘇峯の特別の才能である。参考のため夏目漱石と比較してみよう。

漱石が明治以来ずば抜けたベストセラー作家であることは常識になっている。そのため印税も別格であった。たとえば『坊つちやん』、『二百十日』、『草枕』の三篇を収めた『鶉《うずら》籠《かご》』が春陽堂から明治三十九年出版された時、その契約書によると、初版三千部（印税十五パーセント）、二版から五版までは各版一千部以内（印税二十パーセント）、六版以後は各版五百部以内（印税三十パーセント）ということになっている。『坊つちやん』や『草枕』はそれこそ有名なものである。それを収めた徳用版の初版がたったの三千部なのである。それでも漱石のものは別格によく売れるので、後には四版以降印税三十パーセントという破格なものになっているのだ。

その別格によく売れる漱石のうちでも、特別によく売れたのは『吾輩は猫である』であった。大正六年に大倉書店から出た『猫』は、一万一千五百部、翌七年が一万二千部という風に、多い年で一万三千、少ない年には四、五千部というようになっている。ところが蘇峯がこの頃に出版した『大正の青年と帝国の前途』は約百万部である。ケタ違いという言葉があるが、ケタが二つもちがうのである。漱石の論説的なものでは『文学論』が大正六年から十二年までの七年間に約七千六百部刷られている。この種のものとしては類書よりケタはずれによく売れているわけであるが、それですら、蘇峯の著作にしてみれば、もっとも売れないものの部類にはいるであろう。現代の評論家で、『二十世紀末の青年と日本の前途』というような本を書いて、それが二千万部ぐらい売れるということが考えられるであろうか。蘇峯は正にそういう想像を絶したベストセラーを書いていたのである。しかも、ベストセラーは何も『大正の青年と帝国の前途』ばかりでなく、先にあげた『昭和国民読本』も七十数万部出ているし、その他、五百点を数える彼の著書のほとんどはベストセラーか、あるいはグッドセラーなのである。このほか、最もよく売れる雑誌と、最もよく売れる新聞の一つを持っていたのであるから、蘇峯の言論界における力は正に圧倒的であった。ここからいろいろな問題が起こるのである。

国家主義へ転向せざるをえなかった事情

蘇峯が今日人気がない、あるいは忘却されている最大の理由は彼が「変節」したということである。平民主義で出発した蘇峯が権力の手先となり、「蘇峯」が「阿呆」になったというのである。この見方は一般にひろがっており、蘇峯は民衆の裏切者になったと見なされているらしい。そして蘇峯が帝国主義者になったのは日清戦争以後、特に三国干渉による遼東《りょうとう》還付がその直接の動機というのがほぼ定説であった。

これに対して最近では野口恵三氏（『歴史と人物』一九七二年三月号）が『国民新聞』の社説を分析して鋭い見解を示し、蘇峯が藩閥政府との闘争をやめ、平民主義を改めたのは明治二十五年末であり、その「変説」の理由が日清戦争だとか三国干渉であるとかいうのは蘇峯の演技にだまされた皮相な見解であると言う。野口氏は『国民新聞』は創刊十カ月目からしばしば当局の忌諱《きい》に触れて発行停止になったことを指摘し、これが「名経営者蘇峯」に権力との妥協を教えたのだと主張される。そしてこの発行停止はすべて社説が問題になっているのであるが、その問題になった社説はすべて竹越三叉《たけこしさんさ》の筆になるものだという。『国民新聞』の社説は大体、蘇峯か三叉かのどちらかが書いたものなのであるから、蘇峯の社説は発行停止を喰うほど鋭くなかったということになる。しかも蘇峯が何回となく三叉に対して警戒することをすすめ、筆勢を緩和するように書き送っているという指摘もある。つまり蘇峯は平民主義で出発したが、途中しばしば三叉の社説のために発行停止を喰ったので、その経済的打撃をおそれて権力と結びついたということになる。野口氏の論文は今まで誰も行なったことのない『国民新聞』の社説の執筆者の分析に基づくものであってまことに新鮮である。そしてその後の蘇峯の言論から見て「民友社」は「国友社」か「臣友社」とでもつけた方がふさわしかったろうという皮肉ももっともだと思われてくる。

しかしそれが事実だとすれば蘇峯はまことにつまらぬ男ではないか。経営のために変節した上、後には経営にまで失敗して『国民新聞』を手放すことになるのだから。ところで私は故佐藤先生からの示唆で蘇峯の『近世日本国民史』に接したのを機会に、あれこれ蘇峯のものを読んでから二十数年になるが、そこから浮き出てくる蘇峯像というものは野口氏の描いてくれるものと全く相容れないのである。野口氏の論考は達意の名文である上に甚だしく説得力があるので、そうした蘇峯像が後世に定着する可能性が高い。論争を好むわけではないが、事実関係と解釈の両面から蘇峯のために弁解しておきたい。

まず野口氏は明治二十五年の末にすでに蘇峯の変節なり変説なりが起こっており、その原因は発行停止だという結論をされている。しかし事実は野口氏自身も書いておられるように明治二十八年末まで合計十回も発行停止を喰っているというのである。明治二十三年に創刊された新聞が発行停止をおそれて二十五年末頃に変節し、更に二十八年までしばしば発行停止を喰うというのはおかしいではないか。第一それでは「変説（節）」のしがいがないではないか。野口氏の論文は肝腎のところで自ら挙げておられる資料によって、自らの結論を粉砕していると言ってもよいと思う。どうしても別の見方が必要である。

蘇峯が三叉に筆勢を緩和するように注意したのは多くの社員を抱える経営者として当然のことである。六年間十回の発行停止処分を受け、その停止日数が百十三日に及び、その原因がすべて一人の記者によるとすれば、むしろその記者の責任こそ重大であろう。三叉の月給は三十円だったという。月給三十円の記者はいわば経営に無責任な立場で何とでも言えるのである。しかし蘇峯はその記者にずっと書かせ続けたわけだし、論旨を変えよと言ったわけでない。無駄な摩擦を起こさないように注意したのである。発行停止になってしまえば何も言えなくなってしまうのだから。

〝責任ある立場〟から見た日本

では蘇峯の変説は何によって起こったかと言えば、一つは蘇峯によりよく世の中が見えてきたことである。そして第二に、一たび認識した以上は、蘇峰はほかの利害を考えずに、自己の主義に邁進する男であったことである。

『国民之友』も『国民新聞』も、すばらしい成功であった。蘇峰は類稀《たぐい》なベストセラー作者であり、東京日日の持主の伊東巳代治《いとうみよじ》、時事の持主の福沢諭吉と並んで東京の新聞界を三分する者であったし、『国民新聞』自体、まもなく天下の五大新聞になる勢いであった。

そういう情勢においては蘇峰はすでに数年前の無名の青年ではない。年こそ三十になったばかりであったとしても、天下の名士であり、交友関係やインフォメーション・ソースも飛躍的に広がったものと考えなければならない。つまり広い世の中が見えてきたわけである。どんな早熟の天才でも二十三歳の青年は二十三歳だ。三十歳になれば世の中が違って見えてくるのは当然である。特に影響力の絶大な人間になった場合、自分の不満のはけ口を言論に見出すよりは、むしろより大なる目的のために自己の言論の力を向けたいと思うようになるのは少しもおかしくない。典型的な例が維新の志士、特に維新の元勲といわれた人たちである。彼らは元来は猛烈な攘夷派だったのである。しかし外国に出たり、責任ある地位についたとたんに、つまり広い世の中が見えてきたとたんに、開港派、しかも鹿鳴館時代に示されるような急進的欧化主義者になった。蘇峰にも今やそれと同じようなことが起こったのである。

その第一は外交問題であった。当時は条約改正が最大の問題であったが、蘇峯の立場は「自主的外交」であった（ちなみに今でも用いられているこの用語は、蘇峯の造語になるものである）。この立場から彼は今まで親しかった自由党の立場からはなれ、品川、高島、樺山《かばやま》など薩長の人とも近くなったし、大隈《おおくま》の改進党とも親しくなったのである。発行停止をおそれて立場を変えたのではない。むしろ今までの読者たち、特に九州などの読者を失う危険を冒しつつ（事実失った）、自己の信ずる外交政策を打ち出してくれる政党を支持したのである。

第二は日清戦争である。欧米の実力を見てきた維新の元勲たちが、何はともあれまず国内を整備することを主張し、欧米を見てきたことのない西郷らの唱える征韓論や士族尊重をしりぞけたように、視野の広くなった蘇峯は藩閥問題などに関心がなくなり、「何が日本の将来によいか」という見地からだけ考えるようになった。これは、めざましい脱皮と言ってよいであろう。今や蘇峯にとっては、何藩の出身者が日本の政権をとろうと大したことに思われなくなったのだ。重要なのは、どういう政策が日本にとって為になるか、ただその点からのみ判断するようになる。これ以後の六十数年間、蘇峯には変節はないと言ってよい。ただ一つ一つの問題について「どういう政策が日本にとって為になるか」について蘇峯と別の意見の人がいるのは当然であろう。現に今、蘇峯の立場を弁護している私でも、具体的なことについては蘇峯の意見と違う場合が多くあるのである。

この場合、蘇峯の頭の中では「日本のためになること」はとりもなおさず、「日本人全体のためになること」であった。もちろんこれは素朴な帝国主義の立場である。そして蘇峯は明治二十五、六年以降ははっきりした帝国主義者になる。

しかし帝国主義を今の語感で解釈してはならないであろう。当時の先進国は英・米・仏・独・露などすべて帝国主義の国であった。帝国主義の国々の民衆の方が、非帝国主義の国々、つまり植民地化された国々の民衆よりはるかにはるかに幸福であることは誰の目から見ても明白であった。蘇峯は自分の同胞を、つまり日本人全体を幸福なグループの方に置きたいと心から願ったのである。その願いを誰がとがめることができようか。

持論貫徹に払った多大すぎる犠牲

日清戦争後の三国干渉とロシアの満洲進攻を見て蘇峯はますます国内の政党争いなどはどうでもよい、とにかく国に実力をつけなければ駄目だという確信を深くするようになった。そのためには日露の衝突にそなえて、海軍を強くしなければならない。海軍を強くするためには船を造らねばならぬ。船を造るには金が要る。金は当然税金の強化によるほか仕方がない。しかも当時の日本には税金を納めるような人間は地主階級以外はほとんどいないから結局は地租増徴ということである。この不人気な政策をやってくれる政治家のためなら何でもしてやろうということで、その政策をかかげた松方・大隈内閣に、尾崎行雄らと共に勅任参事官として加わり、知恵をつけてやろうとしたのである。これが読者の反感を買った。新聞人が内閣に加わるとは何ごとぞ、というわけであった。しかし蘇峯は自己の信念を曲げなかった。そのうち大隈が内閣を去った。しかし蘇峯は去らなかった。日露戦争が目の前に見えているのに、今さら方針を変えるわけにもいくまいというのであった。しかし蘇峯には大隈に対する裏切者という批評まで更に加わり、まことに四面皆楚歌《そか》という状態で、一時、東京では最高の部数を誇っていた彼の『国民新聞』はあれよあれよという間に発行部数がたったの六分の一に落ちてしまったのである。そして本も売れなくなった。そして彼の新聞社は破産の危機にさえ見舞われる。

さすが勝海舟は大局から日本の運命と徳川家の運命を考えてきた人だけに、蘇峯の苦境に理解と同情を示し、大いに励ましてやっていた。そして蘇峯も苦境にめげず、相変わらず艦隊増強案を持つ政府を支持し続けて日露戦争に及んだのである。この戦争は、蘇峯の主張の正しいことを一挙に証明したことになり、彼の新聞の購読者も飛躍的に増大した。

問題は日露講和条約であった。日本の国力の程度を知っていた蘇峯の『国民新聞』は講和条件に賛成した。しかし勝利に酔っぱらった民衆はこれを屈辱講和と称し、十万の忠魂を犬死させたものだとアジった。日本中がそれに雷同し、講和に賛成したのは四千万人の日本人中ただ十六人、つまり内閣の十人と四人の元老と全権委員と徳富蘇峯ぐらいだ、と他の新聞は書き立てた。これに対する蘇峯の反論は次のような趣旨のものであった。

「講和条件が日本国民の理想でないにせよ、しかし宣戦布告の趣旨はすべて達成されているのである。樺太《カラフト》全部と沿海州を取り、バイカル湖を国境として、更に三十億以上の償金までもらおうなどというのは、勝利にのぼせ上がった空想であり、そういう理想が実現されないからとてすぐに講和条約を呪うなどと言うのは正気のさたではない。図に乗ってナポレオンや今川義元や秀吉のようになってはいけない。引き際が大切なのである」と。

これは今からみて万人が首肯する正論である。しかし当時の民衆も、各新聞社も正気を失っていた。東京朝日、万朝報、二六新聞、報知新聞、都新聞などは、筆を揃えて蘇峯とその国民新聞を売国奴と罵ってアジり立て、また玄洋社《げんようしゃ》の内田良平らの右翼もそれに合した。そして九月五日、日比谷公園で暴れ出した民衆やら新聞記者らは国民新聞社に押しかけて焼打ちをし、凄絶な攻防戦がはじまったのである。攻める暴徒は石を投げ火をつけ輪転機に砂をかける、ピストルを打ちこむといった具合である。守る国民新聞社も棒を持ち刀を振い、決死の奮闘である。もちろん警察はこない。夜になっても日本刀での斬り合いはやまず、翌六日は更に暴徒の数は増えた。そして夜の七時まで守り抜いたところ、ようやく軍隊の出動があって囲みがとかれたのであった。もちろんそれで騒ぎが終わったわけでなく、蘇峯は約一カ月間、社に泊まり込みで頑張ったし、自宅の方もまた夫人はじめ決死の覚悟でいた。

十月に条約批准の詔勅があってようやく人心も平静になったのであるが、新聞の発行部数は一時市内で十数分の一まで激減したともいわれ、その恢復に二、三年を要したのである。そして暴徒は志士とされ、正論が不人気だったことは、戦後の安保騒動を憶い出させるものがある。ただ今から考えて懐かしいような気持になるのは、暴力デモに対して新聞社員が自己の実力で社屋と言論の自由を護ったことである。近頃の弱さを考えると無量の感慨があるではないか。

蘇峯の新聞社が焼打ちに遭うのはこれ一度ではなく、その度に部数が激減するのであった。しかし一々くり返して説明することもないであろう。ただ蘇峯の新聞の発行部数が激減するのは、いずれも同業紙の嫉妬が主な引き金になっているようである。勅任参事官になった時もその例であったが、蘇峯自身は、「官」だろうが「民」だろうがあまりこだわらなかったのであるが、「官」を羨望していた他の者たちが嫉妬するのである。「民」の立場の人が本当は「官」を重んじていたことを示す面白い現象であった。

不遇ともいえる後半生

大正十二年大震災後、蘇峯は以前のような社の再建に対するファイトをもはや示さなかったように見える。その理由として二つばかり考えられるようだ。

第一にはジャーナリズムの才能を持ち自分の後を継がせるつもりであった次男の万熊が死んだことである（長男は海軍軍人）。子供に事業を譲る気さえなければ、経営者は誰だってよいことになる。蘇峯は言論への意欲は落ちなかったが、経営の意欲は相当落ちたのではないかと思われるふしがある。

第二は震災の数年前から例の『近世日本国民史』に着手したことである。これは自分のライフ・ワークであると覚悟していた。五十六歳からはじめて大震災のあった時にはすでに六十一歳、それなのにライフ・ワークの方は予定の十分の一の十巻までが出ただけだったのである。「これを仕上げなければ」という気持と、そこに注ぎこまれた超人的なエネルギーは、この六十翁に新聞社再建のファイトをあまり残さなかったのであろう。

蘇峯は「歴史は過去の新聞にして、新聞は今日の歴史なり」という考え方を持っていた。今や彼は「今日の歴史」から少し遠ざかり、「過去の新聞」の方に主精力を移すのである。

明治史については裏面を含めて誰よりもよく知っており、誰よりも資料を持っているという自信があった。しかしこの完成に至るまでの蘇峯の個人的状況はまことに憐れむに足るものであった。

まずこの歴史が出るのを誰より楽しみにしており、彼の最もよき理解者であった彼の父は第一巻の出ないうちに死に、次に母が死に、彼自身は死の一歩手前までの重病にかかった。ようやく恢復したところで震災で社を焼かれ、翌年、後継者と目した次男を失い、次いでたった一人の弟健次郎（蘆花《ろか》）を失い、その二年後には四十年間社長をしてきた民友社を去ることを余儀なくされ、更に二年後には長男を失った。しかも序論部とも言うべき最初の五十巻を完成した昭和九年以降の十八年間は、日本も未曾有の運命の大変化を経験したのであるが、蘇峯にとっても平坦でなかった。まず持病の三叉神経痛は非常に激烈なもので、発作が起こると意識もおかしくなるほどであった（戦後手術により恢復）。しかもこの間に仕事を助けてくれたり、手足とも頼んだ友人のほとんどすべてを失い、その上、六十年間苦楽を共にしてきた夫人を失い、娘や嫁をも失い、姉を失い、そのほか近い親戚の多くを失い、天地の間に一人渺然《びょうぜん》として存在する一老爺《いちろうや》になってしまったのである。

おまけに敗戦という打撃をうけ、更に戦犯容疑者として自宅拘禁されたが、その時はすでに八十四歳になっていた。その後も追放はなかなか解けず、追放解除者リストに彼の名前がのったのは昭和二十七年であったが、その五年前には三男が三十九歳で死んでいた。この間、彼は病人であり老人であり、失業者であった。しかもこの間に彼は出版も定かならざるに営々として自ら信ずる明治史を書き進めて行ったのである。王陽明《おうようめい》は「丈夫ハ剛腸ヲ貴ブ」と言ったが、蘇峯こそは剛腸の大丈夫であった。

ではこの不遇な時期に際してたじろがず、自己の使命と観じた「過去の新聞」を書き進める、いな今度は口授し続けることができた精神力のもととなったのは何であったろうか。それはほかならぬ読書であった。この不遇の時代に座右に置いた書物は洋書ではミルトンの『サムソン・アゴニステーズ』とエマソンの『セルフ・リライアンス』、漢文のものでは韓退之の「伯夷頌《はくいしょう》」、陶淵明の詩、王陽明の「啾啾吟《しゅうしゅうぎん》」であったという。特に孔子が子路に与えた「君子固《モト》ヨリ窮ス、小人窮スレバ斯《ココ》ニ濫《ミダ》ル矣」という一句からは、あたかも孔子自身から直接自分に与えられたような深い感銘を受けたとのことである。かくして九十歳の高齢をもって無類の史書『近世日本国民史』百巻は完成されたのであった。五十六歳から書きはじめてから――伊能忠敬《いのうただたか》が日本全国測量の大事業をはじめたのが同じ五十六歳であると考えて自らをはげましていた――三十四年の歳月が流れていた。

特にミルトンの『サムソン』を愛読したというのは注目に値することである。ミルトンは前に述べたようにクロムウェルと共にピューリタン革命に挺身《ていしん》したが、クロムウェルの没後、再び政権は王党派にもどってミルトンは追われる身になった。かろうじて一命が助かったのは盲目になったので、目こぼしされたからである。しかしこの盲目で失意のミルトンは窮乏のうちにありながら、世界文学史に輝く大叙事詩『失楽園《パラダイス・ロスト》』をはじめ、『サムソン』などを娘に口授して書き取らせたのである。『失楽園』は人類の歴史の起源の物語であり、『サムソン』の方は旧約聖書の『士師記』にある物語で、敵の計略にかかって両眼を焼かれたサムソンが、異教の神殿を揺り崩して、敵もろともに圧死する壮烈な物語である。ミルトンがサムソンの中に自己を投影して傑作を書き、蘇峰がこの『サムソン』に大きな慰めを見出したというのは、その素材、その作者、その読者、何とも面白い取り合わせであり、この三者に共通するのは王陽明の「剛腸」であろう。

われわれはロスト・コーズ、つまり「敗れた側の大義」に対して少し理解が少ないのかも知れない。イギリスにおいてはカトリックもロスト・コーズであり、ピューリタンもロスト・コーズである。いずれも敗れた側の大義であるが、敗れたからといってカトリックやピューリタンの主張が無価値になるわけではない。

日露戦争後の蘇峰の言論は、「英米の連合に警戒せよ」という一語につきる。シナ問題でも今後は日米問題となると、早くから指摘している（これは『文藝春秋』に出たベンダサンの意見と同じである）。そして敗戦までに至る筋道は蘇峰の警告した通りになった。もちろん蘇峯は日米開戦論者などではなく、ぎすぎすしてくる日米関係の円滑化を説いて止まなかったのである。彼の説いた「日本が強くなることはとりもなおさず日本国民の幸福、日本人の繁栄はとりもなおさず有色民族の解放につながる」という主張は結局ロスト・コーズになった。しかしそれがロスト・コーズであったが故に蘇峯というわが国の生んだ最大の歴史家にして最大の新聞記者、空前の連続ベストセラー作家にして即妙なる漢詩人、明治二十年から昭和二十年までの六十年間にわたって常に最も強力なオピニオン・リーダーであった巨人を矮小化《わいしょう》したり忘却したりしてよいものだろうか。ロスト・コーズの側に属したにもかかわらず、ミルトンの詩業は、不朽である。蘇峯も自ら自分につけた生前の戒名「百敗院泡沫頑蘇居士《ひゃっぱいいんほうまつがんそこじ》」が示すようにロスト・コーズ派であった。しかし「近世日本人伝記」とも称しうる、人間の自由意志を重んずる史観に立つ百巻の歴史、約四百巻の著述を書いた人物の剛腸は不朽である。時事通信社が戦後採算無視のつもりで出した『近世日本国民史』があらゆる予想を裏切って数年前ですでに四十万部売れたことは蘇峯再評価の芽生えがすでにあることを示すものである。そしてこの出版の断を下した当時の社長、長谷川才次氏が、蘇峯の例の大ベストセラー『大正の青年と帝国の前途』を愛読し、その感激でジャーナリストになったというのは浅からぬ縁というものであろう。

編集後記

渡部昇一先生は日本を愛し、日本人であることに強い誇りをもっていた。それだけに、戦後GHQ（連合国軍総司令部）の手で植えつけられ、左翼マスコミによって広められた「日本罪悪史観」を見過ごすことができず、そうした歪んだ見方を正すべく、長いあいだ、「日本の主張」（いいかえれば、日本人として知っておくべき歴史の真実）を繰り返し説いて止《や》むことがなかった。本書はそうした持論の集成である。

＊

その特質は、第一章に集められた「『重要史書』解読」をお読みいただけば一目瞭然であろう。多くの日本人がそれまで信じ込まされてきた固定観念を鮮やかな筆致で覆《くつがえ》していくのだ。

たとえば、「リットン報告書」。これは多くの場合、昭和六年（一九三一年）の満洲事変を日本軍の侵略と断定した国際連盟代表団のレポートとして受け止められてきたが、渡部先生は「それはかならずしも真実ではない」と指摘する。「リットン報告書」を丁寧に読めば、英国のリットン卿を委員長とする調査団はかなりの程度、日本の立場を認めていたことがわかるからだ。その証拠として引かれるのが「報告書」の以下のような一節である。

《問題は極度に複雑だから、いっさいの事実とその歴史的背景について十分な知識をもったものだけがこの問題に関して決定的な意見を表明する資格があるというべきだ。この紛争は、一国が国際連盟規約の提供する調停の機会をあらかじめ十分に利用し尽くさずに、他の一国に宣戦を布告したといった性質の事件ではない。また一国の国境が隣接国の武装軍隊によって侵略されたといったような簡単な事件でもない。なぜなら満洲においては、世界の他の地域に類例を見ないような多くの特殊事情があるからだ》

満洲という土地には一筋縄ではいかない複雑な事情がある。したがって、日本軍の行動を単純に非難するわけにはいかない、といっているのだ。それを受けて、渡部先生はこう喝破する。——「リットン報告書」は《満洲事変と聞けばただちに「日本の大陸侵略」と決めつけ、満洲国と耳にすれば即座に「傀儡《かいらい》国家」と反応する、朝日新聞その他の左翼マスコミよりずっと正しい歴史認識を示している》と。

「リビジョニスト」（歴史修正主義者）という言葉は、米国において悪い意味で用いられた時期もあったが、その後、真摯《しんし》に歴史を見直そうという歴史観（リビジョニズム）が優位になってきたことを思えば、渡部先生こそ、言葉の真の意味でリビジョニストであったというべきであろう。

「ラストエンペラー」として知られる満洲国皇帝・溥儀《ふぎ》の個人教師であった英国のシナ学者レジナルド・ジョンストンの『完訳 紫禁城の黄昏』に寄せた「まえがき」では、満洲国が断じて日本の操り人形ではなかったことを強調し、東京裁判における東條英機被告の「宣誓供述書」の解説では、「大東亜戦争は日本の自存自衛の戦いであった」という東條証言が、米上院軍事外交合同委員会におけるマッカーサー元帥の発言（「日本人が戦争に飛び込んでいった動機は、大部分が安全保障の必要に迫られてのことだった」）にぴたりと重なることを発見している。

いずれも歪められてきた歴史をスタンダードな形に戻し、そして「日本の言い分」を貫こうという解説文は痛快！　としかいいようがない。

＊

第二章には、日本の二千年にわたる歴史を支えてきた心性《メンタリティー》に関する掌編《しょうへん》を集めた。三篇の初出である『日本人の遺伝子』の「まえがき」はこう綴られている。

《お国自慢という言葉がある。この場合の「お国」は元来は「郷里」のことを指していたと思われる。江戸に出て来た人たちが、自分の「おくに」を自慢し合ったのであろう。これが国際化が進んだ時代では、日本人の「お国自慢」は「日本自慢」ということになる。私がお国自慢をしたいという衝動にかられたのは今から六十年前にドイツに留学した青春時代であったと記憶している。(中略)

学生寮やドイツ人の家庭で話題としては当然日本のことになる。そこで「お国自慢」をしたいところだが、始めのうちは思いつかなかった。(中略)

そのうち、どのドイツ人も感銘してくれる話題があることを発見した。それは天皇が戦前、戦中、戦後と一貫して同じ方《かた》であるということだった。それに関連して日本の王朝は神話時代から現在まで一系であることであった。(中略)

それから私は、日本史の「お国自慢」になる点に注意して日本の歴史を見るようになって今日に至ったと思う》

「渡部日本史」の核心をさりげなく、しかし確信に充ちて明かした言葉として忘れられない。本書に収められた「古事記考」も「万葉考」も、また「日本人の自然観」も、そうした史眼に貫かれていることはいうまでもない。

＊

もうひとつ、渡部先生の史眼を支えていたのは「歴史とは虹のごときものである」という英国の言語学者オーウェン・バーフィールドの言葉であった。雑誌「歴史通」（二〇一〇年三月号）では、こう記している。

《歴史に虹を見ようとするならば、特定の視点と距離が必要である。雨が上がったからといってどっちを向いても虹が見えるものではない。視線の方向が重要である。また虹をもっとよく見ようとして近づけばよりよく見えるものでもない。虹にあまり近づくと虹は消えてしまう。つまり国史というのは無数の水滴の中に虹を見ようとする行為に似ていて、無数の歴史的事実の中に、その国民の共通認識となるような虹を見ようとする行為というべきものなのである》

「戦前の日本はすべて悪かった」という立場から見れば、日本の近現代史に虹など見えないだろうし、親中・親韓という色めがねをかけた目には、日本の近現代史は真っ暗闇に映ってしまうはずだ。それではいけない。そうではなく、一定の距離と角度を置いて国史のなかに「国民の共通認識となるような虹を見ようとすべきである」。それが渡部先生の立ち位置であった。

そうした視点から眺めたのが、この第三章に収録した諸論考である。

最初の「杉村楚人冠論《すぎむらそじんかん》」はちょっと変わった閲歴をもっている。一九七三年（昭和四十八年）に楚人冠の『最近新聞紙学』（大正四年刊）が復刊されたとき、雑誌「諸君！」から書評を依頼されたが、あまりに長くなりすぎたため、一時、取り置かれた。ところが、同じ「諸君！」七月号に「文科の時代」と題する論考を寄せたところ、これが大好評を博したので、眠っていた書評が十一月号に掲載されたのである。いわば、この「楚人冠論」こそが、渡部さんの実質的な論壇デビュー作であった。

このなかで、朝日新聞が毛沢東に粛清されたナンバー2の林彪《りんぴょう》に関する報道をしなかったのは戦前の朝日新聞副社長・楚人冠の精神に悖《もと》るのではないか、と指弾している。当時、日本のジャーナリズムに君臨していた朝日新聞に、マスコミでは無名の上智大学英文科教授が嚙《か》みついたわけであるが、その後の朝日の数々の偏向報道に照らし合わせてみれば、じつに先見の明があったといわなければならない。

かつて久米宏の「ニューステーション」にコメンテーターとして出演していた朝日新聞の和田俊《わだたかし》はプノンペン特派員時代、ポル・ポト派による二百万人近いカンボジア人大虐殺（キリング・フィールド）をいっさい報じなかったどころか、その武力解放は「敵を遇するうえで、アジア的優しさにあふれていた」とまで書いていた。また、詐話師《さわし》・吉田清治の虚言癖を利用して「従軍慰安婦強制連行」という虚報を垂れ流し続けたことは指摘するまでもない。そんな朝日新聞がいま、多くの読者から見放され、部数の長期低落傾向にあえいでいるのは理の当然であろう。

ところで、七三年当時、「諸君！」の編集長を務めていた安藤満《あんどうみつる》（のちに文藝春秋社長）は雑誌「Ｗｉｌｌ」と「歴史通」の合同増刊号「追悼『知の巨人』渡部昇一」のなかで、渡部先生との出会いをこう振り返っている。

《オピニオン雑誌『諸君！』をまかされて、新しい論客を求めていた頃だった。おもしろいことをいう人がいると噂を聞いて、早速出かけて行ったのが、渡部さんと深くお付き合いするはじまりだった。（中略）

一般雑誌の編集者が訪ねて行くのは珍しかったのだろうか、はじめはやや戸惑ったご様子だったが、話し込むうちにすぐ打ち解けてこられた。

話は一般常識から遠く離れたところにあった。だがよく聞いていると、こちらの方が常識で、巷《ちまた》の方が非常識であることが明確になってくる。（中略）

偶々《たまたま》、大きな存在に会い、「こんな所にこんな立派な花がある。新種だ！」と勝手に喜び勇んだのだから、今思えば恥ずかしい限りではある》

その「新種」は、ここに収めた「天皇論」や「徳富蘇峯論《とくとみそほう》」などを矢継ぎ早に「諸君！」に発表、それらの論考は『文科の時代』『腐敗の時代』にまとめられ、刊行された。

当時、四十歳半ばだった渡部先生の筆はじつに自由にして闊達《かったつ》である。「天皇論」ひとつとってもわかるように、フリジア人の酋長が出てくる、祖母が語ってくれた死後の世界の話になる、そうかと思うと著名な国文学者のオカルティックな体験が引かれる……といった具合で、読者を飽きさせることがない。一気に読者を「渡部ワールド」に引き込み、そして徐々に――日本の歴史において国体はこれまで五回ほど変わったが、天皇を戴《いただ》くという根本はいずれのケースでも維持された。換言すれば、「国体は変化したものの断絶はしなかった」という明察に至るのである。

その意味で、論壇デビュー二冊目の『腐敗の時代』が七六年に「第24回日本エッセイスト・クラブ賞」に輝いたのは当然の栄誉であった。

次の「徳富蘇峯論」は、渡部先生自身、若いころは「時局便乗の右翼爺《じじ》い」と見ていた徳富蘇峯の再発見を企てた一篇である。

大学生時代、旧制中学のときの恩師・佐藤順太から『近世日本国民史』全百巻の価値を教わったこと、そこで全百巻を揃えたかったが四畳半に二人の寮住まいでは断念せざるをえなかったこと、日本に関する野心的な著作を志していたアメリカ人の歴史学者に『近世日本国民史』を全巻揃えることを奨めたが「高い」といって進言に従わなかったので彼を内心軽蔑したこと……そんなエピソードを織り込みながら、蘇峯の偉大さを顕彰していく。

そうした労が実を結んだせいか、『近世日本国民史』はいま講談社学術文庫に収録されている。もっとも、一般的にはあまり読まれていないようなので、手元にある「安政大獄《あんせいのたいごく》前編」（昭和十年／明治書院版）の冒頭をご紹介しておこう。

《安政の大獄は、実に維新史の中に於て、最も痛楚《つうそ》、最も悲惨、而《しか》して且《か》つ最も不幸なる事件であつた。我等は其《そ》の主役である井伊《いい》直弼《なおすけ》其人《そのひと》に対して、最も公平であらねばならぬ。乃《すなわ》ち少くとも彼の動機は、彼一己人《いちこじん》の私情、私欲、若《も》しくは私怨に徇《した》がふものでなく、幕府の為《た》め、徳川家の為め、而して恐らくは皇国の為めと希《ねご》うたものであらうことを容認せねばならぬ。併《しか》し其の主なる精神は先《ま》づ水戸派退治であつた。（中略）然《しか》も安政大獄に到りては、彼の為めに何人《なにびと》が弁護せんとするも、恐らくは至難であらう。是《これ》は（第一）大獄の素因を製造したる全部とは云はざるも、大過半《たいかはん》の責任は彼に帰せねばならぬ。（第二）大獄の結果をして前後比類なき残刻《ざんこく》、激楚《げきそ》の悲劇たらしめたるものは、殆《ほと》んど全く彼の責任だ。彼は先づ罪人の製造者であり、次ぎて罪人の断獄者である。即《すなわ》ち彼は罪人の羅織者《らしょくしゃ》であり、捕手《とりて》であると同時に、併《あわ》せて其の劊手《かいしゅ》であった。但《た》だ若《も》し強《し》ひて彼の為に弁護す可《べ》き事件ありとせば、そは京都を中心として起りたる尊攘運動であつた。……》（旧漢字を新漢字に改めた）

文中の「羅織者《らしょくしゃ》」とは罪を捏造《ねつぞう》する者、「劊手《かいしゅ》」とは斬首《ざんしゅ》の執行人である。

このように難解な漢字が頻出するものの、渡部先生の指摘にもあるとおり、『近世日本国民史』にはどこから入手したのかと思うような貴重な史料がふんだんに引かれている。《これさえあれば、信長の頃から明治十一年、大久保利通の暗殺までの日本史については、まあ、どんなテーマでも啓蒙書ぐらいならたちどころに書けそうなのである》。それゆえ、渡部先生の恩師の言葉――「誰も口にしないが、本を書くような人はみんなこっそり『近世日本国民史』を使っているにきまっている」はけっして大げさではなかった。

ならば、それほど秀れた蘇峯がしかるべき評価を受けることなく、不遇な晩年を送らざるをえなかったのはなぜなのか？　ひと言でいうなら、「平民主義」で出発したのに日清戦争後は「国家主義」（権力の手先）に転じた、と目《もく》されたからだ。しかし、それは事実と異なる。渡部先生の見方によれば、蘇峯の転換には二つの理由があったからだ。

《一つは蘇峯によりよく世の中が見えてきたことである。そして第二に、一たび認識した以上は、蘇峯はほかの利害を考えずに、自己の主義に邁進する男であったことである》

渡部流の用語を使えば、蘇峯は「国益の立場から」出来事を見、そして発言するようになっただけなのである。そうした蘇峯復権の一篇が「真の戦闘者・徳富蘇峯」であり、それはまた渡部昇一先生の精神的自画像ともなっていた。

ビジネス社　編集部

初出一覧

第一章 「重要史書」解読

- 「リットン報告書」は日本を批判していない（ビジネス社『全文 リットン報告書』「解説」／2006年11月刊行）
- 満洲国は日本の傀儡国家ではなかった（祥伝社『完訳　紫禁城の黄昏（上）』「監修者まえがき」／2005年3月刊行）
- 東條英機「宣誓供述書」はマッカーサーの証言と一致する（祥伝社『東條英機 歴史の証言』「はじめに」／2006年8月刊行）

第二章 日本のこころ

- 『古事記』は神話と歴史が地続きであることを証明している（ビジネス社『日本人の遺伝子』第一章「『古事記』の伝承」／2016年7月刊行）
- 「令和」命名者・中西進氏の誤謬（同上書 第二章「『万葉集』の心」）
- 日本文化は自然に感謝する文化である（同上書 第四章「日本人の自然観」）

第三章 歴史の見方

- 歴史は「虹」に似ている（クレスト社『かくて歴史は始まる』第一章「“虹”としての日本」／1992年11月刊行）
- 朝日人・杉村楚人冠は「朝日」の体質を見抜いていた（文藝春秋「諸君！」1973年11月号「新聞の向上？」）
- 国体が変わっても不動だった「天皇」の本質（「諸君！」1974年2月号「天皇について」）
- 真の戦闘者・徳富蘇峯（「正論」1974年11月号、同題の論稿）

［略歴］

渡部昇一（わたなべ・しょういち）
昭和5（1930）年山形県生まれ。上智大学大学院修士課程修了。ドイツ・ミュンスター大学、イギリス・オックスフォード大学留学。Dr.phil.（1958）、Dr.phil.h.c.（1994）。上智大学教授を経て、上智大学名誉教授。専門の英語学のみならず幅広い評論活動を展開する。昭和51年第24回エッセイストクラブ賞受賞。昭和60年第1回正論大賞受賞。平成29（2017）年4月逝去。逝去後も『日本史から見た日本人・昭和編』（祥伝社）、『人生の手引き書』『戦後七十年の真実』『終生 知的生活の方法』（扶桑社）、『万葉集のこころ 日本語のこころ』『古事記の読み方』（ワック）、『対話 日本および日本人の課題』（ビジネス社）などの著作が多数出版されている。

編集協力／松崎之貞

渡部昇一　歴史への遺言

2019年11月1日　　　　第1刷発行

著　者　渡部 昇一
発行者　唐津 隆
発行所　株式会社ビジネス社
〒162-0805　東京都新宿区矢来町114番地 神楽坂高橋ビル5F
電話　03(5227)1602　FAX　03(5227)1603
http://www.business-sha.co.jp

〈装幀〉大谷昌稔
〈本文組版〉茂呂田剛（エムアンドケイ）
〈印刷・製本〉中央精版印刷株式会社
〈編集担当〉本田朋子　〈営業担当〉山口健志

ISBN978-4-8284-2139-1

ビジネス社の本

ハイエクの大予言

渡部昇一　著

ハイエク先生の指摘の予言性に改めて驚く！

税と社会保障（福祉）が一体になったらどうなるか。税は限りなく高くなることだ。ハイエク先生の指摘の予言性に改めて驚く。今ケインズよりハイエク！

定価：本体1700円＋税
ISBN978-4-8284-1667-0

【新装版】全文 リットン報告書

渡部昇一　解説・編

リットンは「満洲国」の存在を認めていた！

満洲事変についての国際連盟から派遣された調査団による調査報告書＝「リットン報告書」。それは、日本の「満洲侵略」を批判・非難したレポートではなかった。相当程度「日本の立場」を認めていた史料をいま改めて読み直す。

定価：本体1600円＋税
ISBN978-4-8284-1746-2